비베카난다의 명상

비베카난다의 명상

초판 1쇄 발행 2025년 1월 23일

지은이 | 스와미 비베카난다
옮긴이 | 김재민
펴낸이 | 이의성

펴낸곳 | 지혜의나무
등록번호 | 제1-2492호
주소 | 서울시 종로구 인사동 7길 33(관훈동) 남도빌딩 3층
전화 | (02)730-2211 팩스 | (02)730-2210

ISBN 979-11-85062-50-1 (93270)

비베카난다의 명상

요가와 베단타의 명상

스와미 비베카난다 지음 | 김재민 옮김

지혜의나무

[옮긴이 서문]

이 책은 스와미 비베카난다의 명상에 대한 생각을 그의 전집(*Complete Works of Swami Vivekananda*)에서 일부 발췌하여 모은 것을 번역한 것으로, 두 부분으로 이루어져 있다. 첫 부분은 '요가의 명상'이고, 둘째 부분은 '베단타(Vedānta)의 명상'이다. 전집에서 발췌한 글들이므로 각 이야기의 끝에는 전집의 권수와 페이지가 괄호 안에 표기되어 있다.(예. (CW 1. 111) = (전집 1권의 111페이지)) 그리고 각주는 모두 옮긴이가 단 것이다.

서양에 베단타와 요가 철학을 전파하는 데 중요한 역할을 했던 비베카난다(속명: 나렌드라나트 닷타, 이하 나렌드라)는, 칼리(Kālī) 여신에 대한 헌신을 통해 깊은 깨달음을 얻은 근대 인도의 성자 중 한 명으로 꼽히는 라마크리슈나(Ramakrishna)의 제자이다. 자신의 스승의 가르침을 전하려 열정적으로 노력한 그는 세계적으로 알려진 현대 인도의 영적 지도자이다.

이해를 돕기 위해 이 책의 주제인 명상과 관련된 그의 영적 여정부터 스케치해 보면 다음과 같다(비베카난다에 대한 개략적인 소개는 책날개 참조).

어린 시절 나렌드라는 통제가 어려울 정도의 장난꾸러기이 기도 했지만, 다른 한편으로는 방랑 고행자들과 승려들에 매 혹되기도 했고, 명상에도 관심을 가졌다.

18세가 되던 1881년에 영적인 면에서 그에게 결정적인 변 환점을 이루는 사건이 발생했다. 그건 바로 자신의 일생의 스 승이 될 라마크리슈나와의 만남이었다. 이는 라마크리슈나의 입장에서는 일생의 제자를 만나는 사건이었다. 그러나 처음 에 나렌드라는 그를 편집광이 있는 이상한 사람이라 여기며 탐탁지 않게 여겼다. 왜냐하면 나렌드라를 자신이 기다리던 운명적인 제자라고 여긴 라마크리슈나가 그를 만나자 한참 동안이나 흐느끼기도 했고 끌어안기도 하며 너무도 허물없이 친밀하게 대했기 때문이다. 그러나 두 번째 만남에서 나렌드 라는 그의 신체적 접촉 방식의 영적 전수(Shakti Pāta)를 통해 자 신과 온 우주가 공(空) 속으로 녹아드는 경험을 했고, 세 번째 만남에서 그러한 접촉으로 의식을 잃은 나렌드라는 그 상태 에서 그의 영적인 질문들에 답하기도 했으며, 그 후에도 라마 크리슈나의 영적 전수를 통해 그는 영적인 회오리 속으로 빠져들어가 신의 편재함을 경험했다. 그럼에도 불구하고 나렌드라는 그를 스승으로 받아들이길 거부했다.

1884년 21세의 나이에 아버지의 갑작스런 죽음으로 나렌드라는 경제적 어려움과 거기서 파생되는 인간관계와 인간에 대한 환멸 등 세속적인 고통을 크고 깊게 체험하면서, 처음에는 신과 영적인 것에 대한 의심과 분노와 거부감을 느꼈다. 그러나 굶주림과 피로로 절여져 녹초가 된 어느 날 자신이 가지고 있던 의혹과 부정성들이 산산조각나며 마음도 육체도 평온해진 상태를 경험하고 출가를 결심했다. 라마크리슈나를 진심으로 스승으로 받아들였다. 그러나 스승은 "네가 이제 세상에 머물 수 없다는 걸 알고 있어. 하지만 나를 위해서, 내가 살아있는 동안만이라도 속세에 머물러다오."라며 그의 출가를 만류했다. 그 후 갈수록 더 깊은 깨달음과 믿음을 추구했던 그는 스승에게 사마디 상태로부터 돌아오지 않는 최고의 깨달음인 니르비칼파 사마디(Nirvikalpa Samādhi)를 허락해 달라고 부탁했다. 그러나 아직 때가 되지 않았다고 여긴 스승은 단호히 거절 했다.

또 하나의 큰 사건이 1885년에 일어났는데, 그것은 라마크리슈나가 후두암 진단을 받은 일이었다. 그와 다른 제자들은 마지막까지 스승을 돌보았다. 스승의 생의 마지막 시기에 캘커타의 코시포레(Cossipore)에 있는 가든 하우스에서 나렌드라는 니르비칼파 사마디를 경험했다. 그는 사마디에 든 상태에서 자신은 정말 행복하고 끝없는 희열 속에서 세속의 모든 일을 잊을 수 있었다. 그래서 그는 스승에게 이 상태에 머물러 있게 허락해 달라고 부탁했다. 그러나 라마크리슈나는 "부끄럽구나"라고 꾸짖으며 다음과 같이 말했다. "어머니 칼리 여신의 은총에 힘입어 너는 보통의 상태에서도 모든 존재 속에 있는 하나의 신성을 이해하게 될 거야. 세속에서 많은 일을 하게 될 것이란다. 또한 많은 이를 영적으로 자각시킬 것이고, 그들의 고통도 덜어 주게 될 거란다." 스승은 이 생에서 나렌드라가 해야 할 역할과 임무를 너무도 잘 알고 있었다. 그것은 바로 '세계의 영적 교사'였다.

1886년 8월 라마크리슈나가 세상을 떠나자 나렌드라와 몇몇 제자들은 바라나가르(Baranagar)에 낡은 집을 구해 사원으로 바꿔서 열정적으로 종교적 고행과 명상을 실천했다. 그해 12월 24일에 나렌드라를 비롯한 라마크리슈나의 아홉 제자는 라다 고빈다 지우(Radha Govind Jiu) 사원에서 힌두 승려 서약을 했는데, 그때 나렌드라는 '스와미 비베카난다'라는 법명을 얻었다.

1888년에서 1893년까지 약 5년간 그는 방랑 수행승(파리브라자카(Parivrājaka))으로 인도 전역을 여행했다. 이때 그는 여러 학습 센터를 방문했고, 다양한 종교 전통과 사회적 패턴을 익혔

으며, 사람들의 고통과 가난에 대해 깊은 연민을 느껴서 조국을 발전시켜야겠다고 결심했다. 1892년 크리스마스 이브에 인도 최남단인 칸야쿠마리(Kanyakumari) 해변 앞의 작은 바위섬에서 그는 인도의 과거·현재·미래에 대해 명상을 했다. 거기서 그는 하나의 인도에 대한 비전을 얻었고, 인류를 위해 자신의 삶을 바치겠다는 결심을 했다.

1893년 9월에 비베카난다가 세계적인 영적 교사로 도약하게 되는 일이 발생했다. 미국 시카고에서 열린 제1차 세계종교회의에서 인도 대표로 연설을 했는데, 그는 거기에 참석한 7천여 관중으로부터 기립박수를 받았다. 그 연설의 핵심은 "각기 다른 원천에서 발원된 강물들이 종국에는 모두 바다에 이르듯이, 각기 다른 종교를 믿는 사람들 또한 결국에는 동일한 신에 이를 것이기에 어떤 종교도 다른 종교보다 더 고등하거나 열등하지 않다."는 것이었다. 다시 말해 각 종교의 보편성과 평등성에 주목하고 종교 간의 조화를 주장했다. 그 일 이후 미국과 영국 등으로부터 강의 요청이 쇄도했고, 그는 정기적으로 명상을 하며 1897년까지 약 4년 정도의 세월을 그러한 요청을 활발히 소화하며 주로 서양에서 보냈다.

1897년에 귀국을 하자마자 방랑 수행승 시절 가지게 되었던 마음, 칸야쿠마리의 바위섬에서 한 결심을 실천하기 위해 사회봉사와 영적 수행을 목적으로 하는 라마크리슈나 미션

(Ramakrishna Mission)을 설립했다. 그는 베단타와 요가 철학을 인도와 전 세계에 알리기 위해, 다른 사람에게 봉사하기 위해 많은 에너지를 사용했다. 점차 그의 건강은 악화되어 갔다.

1902년 7월 4일 벨루르(Belur) 사원에 있던 그는 여느 때처럼 명상을 하고 강의를 했으며 동료들과 회의를 했다. 오후 7시경 방해받고 싶지 않다는 말을 남기고 자신의 방으로 갔고, 9시 20분쯤 명상 중에 39세의 나이로 세상을 떠났다.

그의 삶을 관통하는 두 가지 축이 있다고 한다면, 하나는 신에 대한 헌신과 믿음과 명상이고, 다른 하나는 신의 화현인 전 인류에 대한 봉사와 사랑이라고 할 수 있을 것이다.

＊＊

이상과 같은 삶을 살았던 비베카난다가 말하는 명상이란 무엇일까? 다시 말해 어떻게 하는 것(방법)이고 왜 하는 것(목적)일까? 이 책의 구성을 보면, '명상'이라는 주제하에 두 부분으로 나뉘어져 있다. 첫째가 '요가의 명상'이고 둘째가 '베단타의 명상'이다. 비베카난다의 사상에서 요가와 베단타 양자는 칼로 무 자르듯 나눠지지 않는데, 그 이유는 그가 요가를 베단타에 근거해 설명했고 베단타를 요가를 통해 실천했기 때문이다. 미국에서 그가 처음 가르침을 펼 때 자신의 가르침

을 '요가'라고 표현했고, 나중에는 '베단타'라고 부른 데서도
이 점은 잘 나타난다. 그러나 굳이 나눠보자면, 목차를 보면
어느 정도 짐작할 수 있듯이, 전자인 '요가의 명상'에서는 '방
법' 즉 구체적인 실천법이, 후자인 '베단타의 명상'에서는 '목
적' 즉 철학적·형이상학적 토대가 좀 더 설명되는 경향이 있
다고 볼 수 있겠다.

　이상의 점들을 감안하고 두 부분의 주요 내용을 짧게 정리
해 보면, 먼저 '요가의 명상' 부분에서는 쉴 새 없이 움직이는,
통제하기 어려운 마음을 부동하게 만드는 것, 즉 집중의 중요
성과 집중하는 방법을 부각시킨다. 비베카난다는 마음을 호
수에, 호수의 바닥을 참자아에, 호수에 이는 물결을 마음의 작
용에 비유하고서 호수의 물이 깨끗하고 물결들이 없다면 호
수의 바닥을 볼 수 있다고 한다. 여기서 물결들을 가라앉히
는 힘은 집중력이다. 그에 따르면 그 물결들을 가라앉히는 과
정인 명상은 세 단계, 즉 다라나(Dhāranā)·디야나(Dhyāna)·사마
디(Samādhi)로 진행된다. 이 셋은 라자 요가 즉 『요가수트라』
(*Yogasūtra*)에 나타난 대표적인 수행법인 여덟 개의 가지로 된 요
가의 세 가지(이와 관련해서는 본문 119~120페이지 참조)인데, 순차적
으로 집중의 강도와 지속도가 높아지는 과정이다. 이러한 집
중력의 향상을 돕기 위한 방법, 다시 말해 명상에 알맞은 시간
과 환경, 집중의 대상 등을 비롯하여 집중과 관련된 다양한 내

용들 또한 '요가의 명상'에 설명되어 있기도 하다. 이러한 수행의 종착지는 결국 바로 참나(Ātman)에 대한 깨달음이다.

이 깨달음에 대한 보다 자세한 설명이 둘째 부분인 '베단타의 명상'에 나온다. 베단타는 온 우주는 하나이고, 내 안에 있는 참나(Ātamn)는 궁극적 실재(유일자; Brahman)인 신과 동일하다는 철학이다. 비베카난다 또한 온 우주가 하나일 뿐이므로, 시간과 공간 속에 나타나는 모든 것은 그저 그 하나가 다양하게 나타난 것들일 뿐이라고 보았다. 그리고 이 사실을 깨닫는 것이 바로 명상의 목적이라고 했다. 그렇다면 우리는 왜 항상 아트만을, 브라만을 깨닫지 못할까? 그걸 깨달으려면 어떻게 해야 할까? 이에 대한 비베카난다의 아름다운 설명이 본문에 나오는데, 전체를 옮겨보면 다음과 같다(146~147페이지).

제자: 제가 만일 브라만(Brahman)이라면, 왜 저는 항상 그것을 깨닫지 못하나요?

스와미지: 의식의 층에서 그 깨달음을 얻기 위해서는 약간의 수단이 필요하단다. 마음이 우리 안에 있는 수단이야. 그렇지만 그 마음은 지성이 없는 물질이지. 그것은 배후에 있는 아트만의 빛을 통해서 지성적인 것처럼 보이게 될 뿐이란다. 그렇기에 네가 마음을 통해서 아트만, 즉 지성의 정수를 알게 될 수는 없을 거라는 사실은 분명하

11

지. 너는 마음을 넘어서 가야 해. 실상은 의식의 층을 넘어선 상태가 있단다. 거기에는 아는 자, 앎, 앎의 도구 등의 이원성이 없어. 마음이 융합될 때, 그 상태가 알아차려지게 돼. 내가 그 상태가 "알아차려지게" 된다고 말하는 이유는 그 상태를 표현할 수 있는 다른 말이 없기 때문이지. 말로는 그 상태를 표현할 수 없단다.

위 인용문에 따르면, 우리가 참나를 깨닫기 위해서는 그 참나를 가리는 마음을 넘어서, 의식의 층을 초월하여 가야 하고, 그렇게 되면 마음과 의식의 창조물인 말로는 표현할 수 없는 상태를 알아차릴 수 있게, 깨달을 수 있게 된다는 것이다. '마음이 깨달음을 얻기 위한 수단'이라는 점을 고려해서 이 내용을 앞서 살펴본 '요가의 명상'과 연결지어 다음과 같이 생각해 볼 수도 있다. 마음은 '활동'이라는 작용을 통해서 참나를 가리므로, '집중' 또는 '억제'라는 상반되는 작용을 이용하는 방법, 즉 명상을 통해서 그 '활동'을 상쇄할 수 있다. 그러면 마음은 더 이상 아무런 작용을 하지 않는 상태, 다시 말해 참나가 그대로 드러나는 상태가 된다. 비베카난다에게 있어 요가와 베단타는 둘이 아니다.

인터넷에 검색해 보면, 비베카난다는 언제나 젊은 모습으로 등장한다. 왜냐하면 그는 39세라는 생물학적으로 젊은 나이에 이 세상을 떠났기 때문이다. 생물학적인 모습 면에서 언제나 젊음에 머물 뿐만 아니라 가르침의 내용 면에서도 그는 영원한 진리의 생생한 사자후를 부드럽고 친절하게 토하고 있다. 그렇기에 마하트마 간디(Mahātma Gandhi)는, "스와미 비베카난다의 글들은 분명 누구의 소개도 필요치 않습니다. 그 글들 자체가 거부할 수 없는 매력을 발산합니다."라고 말했을 것이다. 이 책을 한 장 한 장 넘기고 있는 독자 중에도 간디가 빠졌던 그러한 매력에 사로잡혀 그의 사자후를 바로 눈앞에서 듣는 듯이 몸과 마음, 나아가 영혼이 울리고 떨리는 느낌을 받는 분들도 계시리라 생각한다.

비베카난다의 말에 따르면, 명상 수행은 몸과 자신을 동일시하는 '자신(自身)'에서 출발하여 참된 나는 육체가 아니라는 '자신(自信)'을 가지고서 날마다 날마다 '자신(自新)' 즉 스스로 새로워짐으로써, 종국에는 '자신(自神)', 다시 말해 스스로 신이 되는 일이라 할 수 있겠다. 이 책이 自神이 되어가는 길을 가는 분들에게 미력하나마 도움이 되기를 희망한다.

德濟山房에서 김재민 합장

목 차

베단타의 명상

Meditation According to Yoga

요가의 명상

마음을 이해하라. 고요해지게 두라.
조용히 있으라, 신은 이미 거기에 있다.

What is Meditation?

명상이란 무엇인가?

무엇이 명상인가? 명상은 우리가 다음과 같은 모든 것에 저항할 수 있게 하는 힘이다. 자연[1]이 "저기 봐, 아름다운 것이 있어!"라고 우리를 부를 수도 있다. 나는 보지 않는다. 이제 자연은 "저기서 향기로운 냄새가 나, 맡아 봐!"라고 말한다. 나는 내 코에게 "그 냄새 맡지 마."라고 말하고, 코는 냄새를 맡지 않는다. "눈아, 보지마!" 자연은 아주 끔찍한 일을 한다. 나

---

1) 영어 번역어 'nature'는 우리말로는 '자연'으로 옮겨지는데, 인도철학, 특히 요가 철학의 형이상학과 관련하여서 이 단어는 일반적으로 프라크리티(Prakriti), 즉 현상 세계를 지칭한다. 따라서 본 번역서에 나오는 '자연'이라는 단어는 대체로 현상 세계, 즉 세속이라는 의미를 갖는다.

의 자식들 중 한 명을 죽이고서, "자, 이 나쁜 놈아, 앉아서 울어! 나락으로 가버려!"라고 말한다. 나는 "그럴 필요 없어."라고 말한다. 나는 뛰어오른다. 나는 자유로워야 한다. 가끔 시도해 보라… 명상 속에서 잠깐 동안 이 자연을 변화시킬 수 있다. 자, 만일 당신 자신이 원래 그 힘을 가지고 있었다면, 그것이 바로 천국 즉 자유이지 않을까? 이것이 명상의 힘이다.

어떻게 그 힘을 얻을 것인가?

꽤 많은 여러 가지 방법이 있다. 각각의 기질에 따라 각각의 방법 있다. 그러나 다음의 내용은 보편적 원리이다: 마음을 이해하라. 마음은 호수와 같고, 그 호수에 떨어지는 돌은 물결을 일으킨다. 이 물결은 우리가 어떤 존재인지 알게 두지 않는다. 보름달이 호숫물에 반사되지만, 표면이 너무 흐트러져서 그 반영을 명확하게 보지 못한다. 그 표면이 고요해지게 두라. 자연이 물결들을 일으키게 두지 마라. 계속 조용히 있으라, 그러면 잠시 후에 자연은 당신에게 항복할 것이다. 그때 우리는 자신이 어떤 존재인지 안다. 신은 이미 거기에 있지만, 마음은 매우 동요하게 되어서, 언제나 감각들을 쫓아다닌다. 감각들을 차단하는데도 당신은 아주 혼란스럽다. 바로 이 순간에 나는 괜찮다고 생각하고서 신에 대해 명상할 것이고, 그런 다음 내 마음은 일 분 내에 런던으로 간다. 그리고 만약 내가 마음을 그곳에서 떼어 놓으면, 그 마음은 뉴욕으로 가서 과거에 내가 거기서 했던 일들에 대해 생각할 것이다. 이 물결들은 명상의 힘에 의해 멈춰지게 될 것이다. (CW 4.248)

명상은 지복을 열어주는 문이다.
다른 곳이 아니라 언제나 영혼에 있다.

The Gate to Bliss

지복으로 가는 문

명상은 우리에게 지복을 열어주는 문이다. 기도, 의례 그리고 다른 모든 형태의 숭배는 그저 명상의 유치원들이다. 당신은 기도하고, 뭔가를 바친다. 어떤 이론에서는 모든 것이 사람의 영적인 힘을 고양시킨다고 한다. 어떤 말, 꽃, 이미지, 사원, 불빛 흔들기와 같은 의식을 사용하면 마음은 그러한 자세가 되지만, 그러한 마음가짐은 어떤 다른 곳이 아니라 언제나 인간의 영혼에 있다. 사람들은 모두 그렇게 하고 있다. 그러나 그들이 알지 못하면서 하는 것을 알면서 하라. 그것이 명상의 힘이다.

우리는 천천히 점진적으로 자신을 단련할 것이다. 그것은 농담이 아니다. 하루나 몇 년 또는 아마도 여러 생의 문제가 아니다. 걱정하지 마라! 단련은 계속되어야만 한다. 빈틈없이, 자발적으로 단련은 계속되어야만 한다. 조금씩 우리는 기반을 얻게 될 것이다. 우리는 진정한 부(富)를 느끼고 얻게 되기 시작할 것이고, 그 부는 누구도 우리에게서 빼앗아 갈 수 없다. 어떤 사람도 빼앗을 수 없는 부, 아무도 파괴할 수 없는 부, 어떠한 비참함으로도 더 이상 손상시킬 수 없는 기쁨. (CW 4.248-249)

3

요가는 진실에 대해
인식하는 법을 가르치는 과학이다.

In Search of Truth

진실의 탐구

요가는 우리에게 진실에 대해 인식하는 법을 가르치는 과학이다. 사람들이 종교를 알아서 깨달을 때까지 종교에 대해 이야기하는 것은 그다지 소용이 없다. 왜 거기에 그렇게 많은 장애물, 다시 말해 신의 이름으로 그렇게 많은 싸움과 다툼이 있는가? 다른 어떤 이유보다 신의 이름으로 더 많은 살육이 있어 왔다. 왜냐하면 사람들은 결코 근원에 가보지 못했기 때문이다. 그들은 단지 자신의 선조들의 관습을 정신적으로 따르는 것만으로 만족했고, 다른 사람들도 같은 것을 하기를 원했다. 영혼을 느끼지 못한다면 자신들이 영혼을 가지고 있다고, 또는 신을 보지 못한다면 신이 있다고, 사람들은 무슨 권리로 말하는가? 신이 있다면 우리는 신을 보아야만 하고, 영혼이 있다면 우리는 영혼을 인식해야만 한다. 그렇지 않다면 믿지 않는 편이 낫다. 위선자가 되기보다 노골적으로 말하는 무신론자가 되는 편이 낫다.

사람들은 진실을 원하고, 스스로 진실을 경험하기를 원한다. 왜냐하면 그가 진실을 파악했을 때, 깨달았을 때, 마음 깊은 곳에서 느꼈을 때, 오직 그때만, 베다들이 선언한 바와 같이, 모든 의심이 사라질 것이고, 모든 어둠이 흩어지게 될 것이며, 모든 뒤틀림이 곧게 될 것이기 때문이다. (CW 1.127- 28)

마음은 쉴 새 없이 움직인다.
욕망에 취해 동요가 더 심해진다.

How Restless is the Mind!

마음이 얼마나 가만히 있지 못하는지!

마음을 통제한다는 것이 얼마나 어려운지! 이런 마음은 적절하게도 발광하는 원숭이에 비유되어 왔다. 다른 모든 원숭이와 마찬가지로 본성상 가만히 있지 못하는 원숭이 한 마리가 있었다. 마치 그것이 충분하지 않았던 것처럼, 어떤 사람이 그 원숭이에게 술을 자유롭게 마시게 했고, 그 결과 그 녀석은 훨씬 더 가만히 있지 못하게 되었다. 그때 전갈이 그 원숭이를 쏘았다. 사람이 전갈에 쏘이면 하루 종일 팔짝팔짝 뛰면서 돌아다닌다. 그와 마찬가지로 가여운 그 녀석은 자신의 상태가 전보다 더 나빠진 것을 알게 되었다. 고통을 끝내기 위해서 어떤 악마가 그 녀석 속으로 들어갔다. 통제할 수 없이 가만히 있지 못하는 그 원숭이를 어떤 말로 묘사할 수 있을까? 인간의 마음은 그 원숭이처럼, 본성상 쉴 새 없이 움직인다. 그리고 그 마음은 욕망이라는 술로 취하게 되어서 격렬한 동요가 더 심해지게 된다. 욕망이 마음을 차지하고 나면, 타인의 성공에 대한 질투라는 전갈의 침에 쏘이게 된다. 마지막에 자만이라는 악마가 마음에 들어와서 마음 자체를 가장 중요하다고 생각하게 만든다. 그러한 마음을 통제하기란 얼마나 어려운지! (CW 1.174)

무의식 의식 잠재의식을 통제하고
자신이 진짜 무엇인지를 알아차리게 된다.

A Tremendous Task

굉장한 임무

　요기들에 따르면, 인체에는 세 개의 주요한 신경 흐름이 있다. 하나는 그들이 이다(Idā)라 부르는 것이고, 다른 하나는 핑갈라(Pingalā), 가운데 있는 것은 수슘나(Sushumnā)이다. 이 모두는 척추 안에 있다. 이다와 핑갈라 즉 왼쪽에 있는 것과 오른쪽에 있는 것은 신경얼기인 반면, 가운데 있는 것 즉 수슘나는 공동(空洞)이지 신경얼기는 아니다. 수슘나는 닫혀있고, 보통 사람들에게 그것은 무용하다. 왜냐하면 그들은 이다와 핑갈라를 통해서만 움직이기 때문이다. 흐름들은 이 신경들을 통해서 지속적으로 아래로 내려가고 위로 올라가고 있고, 몸의 여러 기관에 도달하는 다른 신경들을 통해서 몸 전체에 명령들을 전달한다.

우리 앞에 있는 임무는 방대하다. 무엇보다 먼저, 우리에게 무의식적이게 되어 온, 의식 아래로 가라앉은 생각의 거대한 덩어리를 통제하려 노력해야만 한다는 것이다. 악한 행위는 틀림없이 의식의 층위에 있다. 그러나 악한 행위를 만들어 내는 원인은 의식의 층위를 훨씬 넘어서는, 보이지 않는 그러므로 더 강력한 무의식의 영역에 있다.

이것이 학습의 첫 부분인 무의식의 통제이다. 그 다음은 의식을 넘어서는 것이다. 따라서 이제 우리는 거기에 틀림 없이 두 가지 작업이 있음을 안다. 첫째는 일반적인 기존의 두 개의 흐름인 이다와 핑갈라를 알맞게 작용시킴으로써 잠재의식의 작용을 통제하는 것이고, 둘째는 의식까지도 넘어서는 것이다.

자기 집중을 오랜 기간 수행한 후에 이 진실에 도달한 그만이 요기이다. 이제 수슘나는 열리고, 한 번도 이 새로운 통로 속으로 들어가지 못했던 흐름이 그 속으로 들어가서, 결국 뇌에 도달할 때까지 점진적으로 (소위 비유적인 언어로 표현하자면) 여러 연꽃 센터로 상승한다. 그때 요기는 자신이 진짜 무엇인지 즉 자신이 신(神)임을 알아차리게 된다. (CW 2. 30, 34, 36)

6

명상의 방을 마련하라.
자신이 좋아하는 곳을 선택하라.

Environment for Meditation

명상을 위한 환경

할 수 있는 여유가 되는 사람들은 오직 명상만을 하기 위한 방을 갖는 편이 좋다. 그 방에서 자지 마라. 그곳은 신성하게 유지되어야만 한다. 목욕을 해서 몸과 마음이 완전히 깨끗해지기 전까지 결코 그 방에 들어가서는 안 된다. 그 방에 언제나 꽃을 놓아두어라. 꽃은 요기를 위한 최상의 환경을 만든다. 기분 좋은 그림도 마찬가지이다. 아침과 저녁에 향을 피워라. 그 방에서는 다툼도, 화도, 성스럽지 못한 생각도 해서는 안 된다. 그러면 서서히 그 방에 신성한 분위기가 있게 될 것이어서, 당신이 비참하거나 슬프거나 의심을 품거나 또는 마음이 혼란스러울 때, 그 방에 들어간다는 사실 바로 그 자체가 당신을 고요하게 만들어 줄 것이다. 이것은 사찰이나 교회에 대한 느낌이고, 지금도 일부 사찰이나 교회에서 이러한 느낌을 발견할 것이지만, 그것들 중 대다수는 그러한 느낌을 잃어버렸다. 거기에 신성한 진동을 유지함으로써 그 장소가 환해지고 변함없이 환하다는 생각이다.

따로 방을 가질 상황이 되지 않는 사람들은 자신이 좋아하는 어느 곳에서나 수행할 수 있다. (CW 1. 145)

방해받지 않는 정리된 곳에서
구루와 신께 경배하고 시작하라.

Requisites for Meditation

명상을 위한 필요 조건

불이 있거나 물속에 있거나 마른 잎들이 흩뿌려져 있는 땅 위에 있는 곳, 많은 개미탑이 있는 곳, 야생 동물이나 위험 요소가 있는 곳, 네 개의 길이 교차하는 곳, 매우 심하게 시끄러운 곳, 사악한 사람들이 많은 곳에서는 요가를 수행하지 말아야만 한다. 이 점은 특히 더 인도(India)에 적용된다.

몸이 아주 나른하거나 아프다고 느껴질 때 또는 마음이 아주 비참하거나 슬플 때, 요가를 수행하지 마라.

잘 감춰져 있는 장소나 사람들이 당신을 방해하러 오지 않는 곳으로 가라. 더러운 장소를 선택하지 마라. 반대로 아름다운 풍경이 있는 곳이나 자신의 집의 예쁜 방을 선택하라.

명상할 때, 우선 고대의 모든 요기에게, 자신의 구루(Guru; 스승)에게 그리고 신에게 경배한 다음, 시작하라. (CW 1. 192)

8

적어도 매일 하루에 두 차례는 수행해야만 한다.
이른 아침과 이른 저녁은 고요한 두 때이다.
수행을 하고 나서 먹는 것을 규칙으로 삼아라.

Time for Meditation

명상을 위한 시간

적어도 매일 하루에 두 차례는 수행해야만 한다. 그리고 최상의 시간은 아침과 저녁 무렵이다. 밤이 지나 낮이 될 때, 낮이 지나 밤이 될 때, 상대적으로 고요한 상태가 뒤따른다. 이른 아침과 이른 저녁은 고요한 두 때이다. 당신의 몸은 그 두 때에 고요하게 되는 것 같은 경향이 있을 것이다.

우리는 그 자연적인 상태를 이용해야 하고, 그때 수행을 시작해야 한다.

수행을 하고 나서 먹는 것을 규칙으로 삼아라. 이렇게 한다면, 배고픔의 순수한 힘이 당신의 게으름을 끝장낼 것이다. 인도인들은 아이들에게 수행을 마칠 때까지, 또는 숭배를 끝낼 때까지 절대 먹지 말라고 가르치고, 시간이 지나면 이 가르침은 그 아이들에게 자연스러운 것이 된다. 소년은 목욕을 하고 수행을 마칠 때까지 배고픔을 느끼지 않을 것이다. (CW 1. 144-45)

9

모든 존재가 평화롭고 행복하기를
이기적이지 아닌 기도를, 지금 하라.

Now Pray!

지금 기도하라!

다음의 말을 마음으로 반복하라:
부디 모든 존재가 행복하기를,
부디 모든 존재가 평화롭기를,
부디 모든 존재가 더없이 즐겁기를.

동쪽, 남쪽, 북쪽, 서쪽으로 그렇게 기도하라. 기도를 더 많이 할수록, 자신을 더 잘 느끼게 될 것이다. 마침내 당신은 자신을 건강하게 만드는 가장 쉬운 방법이 다른 사람이 행복한 것을 보는 것이고, 자신을 행복하게 만드는 가장 쉬운 방법이 다른 사람이 행복한 것을 보는 것이라는 사실을 발견하게 될 것이다. 이걸 안 다음에, 신을 믿는 사람들은 돈을 위해서도, 건강을 위해서도, 천상에 가기 위해서도 기도하지 말아야 한다. 지식과 광명을 위해 기도하라. 그 외의 다른 모든 기도는 이기적이다. (CW 1. 145-46)

앉아 있으라. 마음이 움직이게 놓아 두어라.
기다리며 지켜보라. 그러면 점점 고요해진다.

The First Lesson

첫 가르침

얼마간 앉아 있으라. 그리고 마음이 계속 움직이게 두라. 마음은 언제나 콸콸 솟아오르고 있다. 마음은 점프하듯 뛰어다니는 원숭이와 같다. 원숭이가 마음껏 뛰어다니게 두라. 당신은 그저 기다리며 지켜보라. 금언에서 아는 것이 힘이라고 말한다. 그것은 진실이다. 마음이 무엇을 하고 있는지 알 때까지, 당신은 그 마음을 통제할 수 없다. 마음에 고삐를 매어라. 수많은 소름 끼치는 생각이 마음속으로 들어올지도 모른다. 자신이 그런 생각들을 할 수 있다는 사실에 깜짝 놀라게 될 것이다. 그러나 당신은 매일 마음의 변덕이 차츰 줄어들고 있고, 매일 마음이 더 고요해지고 있다는 사실을 알게 될 것이다.

모든 논쟁과 그 밖의 다른, 집중을 방해하는 것들을 포기하라. 메마른 지적인 전문어들 속에 뭐가 있는가? 그것들은 단지 마음이 평정을 잃도록 해서 혼란스럽게 만든다. 더 미세한 층위들의 것들을 인식해야 한다. 대화하면 그렇게 될까? 안된다. 그러므로 헛된 모든 대화를 그만두어라. 깨달음을 얻었던 사람들이 쓴 그런 책들만을 읽어라. (CW 1. 174, 176-77)

자신의 몸에 대해 생각하라
자신이 건강하고 강하다는 것을 알아라
몸은 당신이 가진 최고의 도구이다

이제 생각하라!

자신의 몸에 대해 생각하라. 그리고 그 몸이 강하고 건강하다는 것을 알아라. 몸은 당신이 가진 최고의 도구이다. 몸을 다이아몬드만큼 강한 존재라고, 그리고 이 몸의 도움으로 삶의 대양을 가로지를 것이라고 생각하라. 약함으로는 결코 자유에 이르지 못한다. 모든 약함을 내던져 버려라. 자신의 몸에게 너는 강하다고 말하라, 마음에게 너는 강하다고 말하라, 그리고 자신에 대한 무한한 신뢰와 희망을 가져라. (CW 1. 146)

정수리 위에 있는 연꽃을 상상하라.
심장에 있는 그것에 대해 명상하라.

A Few Examples of Meditation

명상의 몇 가지 예

중심에 선(善)이 있고 줄기에 지식이 있는, 정수리에서 몇 인치 위에 있는 연꽃을 상상하라. 그 연꽃의 여덟 개의 꽃잎은 요기의 여덟 가지 힘이다. 그 안의 수술들과 암술들은 포기이다. 요기가 외적인 힘을 거부한다면, 그는 구원될 것이다. 그 렇게 연꽃의 여덟 개의 꽃잎은 여덟 가지 힘이지만, 안에 있는 수술들과 암술들은 극단적인 포기, 즉 이 모든 힘의 포기이다. 그 연꽃의 안에 있는 황금빛 일자(一者), 전능한 자, 무형인 자, 이름이 옴(Om)[2]인 자, 눈부신 광휘로 둘러싸인 형언할 수 없

---

2) 인격신과 절대자 양자 모두를 상징하는 음절로, 아움(Aum)이라고 쓰기도
한다.

는 자에 대해 생각하라. 그것에 대해 명상하라.

　다른 명상도 있다. 심장에 있는 한 공간에 대해 생각하고, 그 공간의 가운데서 불꽃이 타오르고 있다고 생각하라. 그 불꽃을 당신 자신의 영혼이라고 생각하라. 그리고 그 불꽃의 안에 다른 눈부신 빛이 있고, 그것이 자신의 영혼의 참영혼 즉 신이라고 생각하라. 심장에 있는 그것에 대해 명상하라. (CW 1. 192-93)

13

결과에 대해 생각하지 말고
인내력과 거대한 의지를 가지고
맹렬히 수행하라.

How To Reach The Goal

목표에 도달하는 법

당신이 살든 죽든 그것은 중요하지 않다. 결과에 대해 생각하지 말고 맹렬히 돌진하여 수행해야 한다. 용기가 충분하다면, 당신은 여섯 달 이내에 완전한 요기가 될 것이다. 그러나 그저 수행을 약간하고 그 밖의 모든 것을 조금 하는 사람은 발전하지 못한다. 단지 강좌를 수강하는 것은 무용하다.

성공하려면 엄청난 인내력과 거대한 의지를 가져야만 한다. 인내심이 강한 영혼은 "나는 대양을 마실 것이다", "내 의지로 산을 무너뜨릴 것이다"라고 말한다. 그러한 종류의 에너지 즉 그러한 종류의 의지가 강력하게 작용하도록 하라. 그러면 목표에 도달할 것이다. (CW 1. 178)

14

모든 행위는 원을 이룬다.
사랑이건 미움이건
당신에게 나온 것은 당신에게 돌아온다.

Be Careful!

조심하라!

모든 행위는 원을 이룬다. 돌을 집어 들어 공중으로 던진 다음, 당신이 충분히 오래 산다면, 그 돌은, 방해받지 않을 경우, 정확히 당신의 손으로 돌아올 것이다. 무한히 뻗은 직선은 반드시 원으로 끝난다. 따라서 인간의 운명이 영원히 앞으로 앞으로 나아가고 있고 결코 멈추지 않는다는 관념은 불합리하다. 비록 주제와 무관하지만 나는 이 관념이, 당신이 미워하지 말아야만 하고 사랑해야만 한다는 윤리론을 설명한다는 점에 주목할 수도 있다. 왜냐하면 전기의 경우에 전기가 발전기를 떠나서 그 발전기로 돌아오는 원을 완성한다는 현대의 이론과 꼭 마찬가지로, 미움과 사랑의 경우도 그렇기 때문이다. 그것들은 틀림없이 원천으로 돌아온다. 그러므로 누구도 미워하지 마라. 왜냐하면 당신에게서 나온 그 미움은 결국에는 당신에게로 돌아올 것이기 때문이다. 당신이 사랑한다면 그 사랑은 당신에게로 돌아와서 원을 완성하게 될 것이기 때문이다. (CW 1. 196)

15

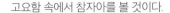
고요함 속에서 참자아를 볼 것이다.

The Mind-lake

마음이라는 호수

호수의 바닥을 우리는 볼 수 없다. 왜냐하면 호수의 표면이 잔물결들로 덮여있기 때문이다. 그 잔물결들이 가라앉아서 호숫물이 고요해졌을 때만, 우리는 그 바닥을 언뜻 볼 수 있다. 그 물이 탁하거나 항상 휘저어져 있다면, 바닥은 보이지 않을 것이다. 만약 물이 깨끗하고 물결들이 없다면, 우리는 바닥을 볼 것이다. 호수의 바닥은 우리 자신의 진정한 참자아이다. 다시 말해, 호수는 칫타(Citta; 마음인 질료)이고 물결들은 브릿티(Vritti; 생각의 물결)들이다.[3]

---

3) 이 구절은 고전 요가의 근본 경전인 『요가수트라』 제1장의 두 번째 경문 "요가란 마음(Citta)의 작용(Vritti)을 억제하는 것이다"에 대한 설명으로,

다시, 마음은 세 가지 상태이다. 그중 하나는 타마스(Tamas)라고 불리는 어두움으로 짐승들이나 바보들에게서 발견된다. 이것은 오직 상처를 주기 위해 움직일 뿐이다. 다른 생각은 그 상태의 마음속으로 들어오지 못한다. 다음은 마음이 활동하는 상태가 있는데, 라자스(Rajas)로 불리고 그 활동의 주된 동인들은 힘과 즐거움이다. "나는 강력하게 될 것이고 다른 사람들을 지배할 것이다." 마지막으로 평온하고 고요한 삿트와(Sattva)라 불리는 상태가 있는데, 거기서 물결들은 그치고 마음이라는 호수의 물은 깨끗해진다. (CW 2. 202)

'마음'을 '호수'에, '마음 작용'을 그 호수에서 이는 '물결'에 비유한 것이다.

명상을 계속 수행하면 저절로
마음은 통제되고 억제될 것이다.

Mind and its Control

마음과 그것의 통제

명상은 이 물결들의 일어남을 통제하는 위대한 수단들 중 하나이다. 명상으로 마음이 생각의 물결들을 정복할 수 있게 만들 수 있다. 만일 여러 날 동안, 여러 달 동안, 여러 해 동안 계속해서 명상을 수행한다면, 그 수행이 습관이 되어서 자신도 모르게 저절로 명상이 일어나게 될 것이고, 화와 미움은 통제되고 억제될 것이다. (CW 1. 242- 43)

17

명상이 잘되는 징표는
당신이 즐겁게 되고 있는 것이다.

Be Cheerful!

즐거워라!

당신이 종교적이게 되고 있다는 첫 징표는, 즐겁게 되고 있다는 것이다. 어떤 사람이 우울하다면, 그것은 소화불량증이지 종교가 아니다.

요기에게 모든 것은 지복이고, 그가 보는 모든 사람의 얼굴들은 그에게 즐거움을 가져다 준다. 그것은 고결한 사람의 표시이다. 비참은 죄로 인해 생기지 다른 이유에서 기인하는 것이 아니다.

침울한 얼굴을 한 사람과 무슨 볼일이 있겠는가?

그건 끔찍한 일이다. 만일 당신이 침울한 얼굴을 하고 있다면, 그날은 외출하지 말고 자신의 방에서 입 다물고 있어라.

무슨 권리로 이 질병을 가지고 밖으로 나가서 세상 속으로 들어가는가? (CW 1. 264-65)

18

모두에게 자비로운 자, 만족한 자.
모든 것을 축복으로 여기는 자가 되라.

The Signs of A Yogi

요기의 표시들

"아무도 미워하지 않는 자, 모두의 친구인 자, 모두에게 자비로운 자, 아무것도 소유하지 않은 자, 자기중심주의에서 자유로운 자, 고통과 즐거움 속에서도 마음이 평온한 자, 관대한 자, 언제나 만족한 자, 항상 요가를 수행하는 자, 자아를 통제한 자, 의지가 확고한 자, 마음과 지성을 나에게 바친 자, 나에게 그러한 자는 내가 사랑하는 박타(Bhakta; 신에게 헌신하는 자)이다.

동요를 발생시키지 않고, 다른 사람들에 의해 동요되지 않는 자, 즐거움·화·두려움·불안으로부터 자유로운 자, 그러한 자는 나의 연인이다. 어떤 것에도 의지하지 않는 자, 순수하고 활동적인 자, 좋은 일이 일어나든 나쁜 일이 일어나든 개의치 않고 결코 비참하게 되지 않는 자, 자신을 위한 모든 노력을 포기한 자; 칭찬을 받아도 비난을 받아도 동일한 상태인 자, 조용하고 사려 깊은 마음을 가진 자, 자신의 길에 아무리 적은 것이 오더라도 축복으로 여기는 자, 세계 전체가 자신의 집이기에 집이 없는 자, 그리고 자신의 신념으로 흔들리지 않는 자, 그러한 자는 나의 사랑을 받는 박타이다." 오직 그러한 자들만이 요기가 된다. (CW 1. 193)

19

모든 산란함을 떠나
자신 안의 진실을 발현시켜라

Be Like A Pearl Oyster

진주 조개와 같아라

스와티(Svati) 별이 떠오를 때 비가 내리고, 빗방울 하나가 진
주조개 속으로 떨어지면 그 빗방울은 진주가 된다는 취지의
아름다운 인도 우화가 있다. 진주조개들은 이것을 안다. 그래
서 그들은 별이 빛날 때 수면으로 올라와서 귀중한 빗방울을
잡기 위해 기다린다. 한 방울이 자신 속으로 떨어지면 진주조
개들은 껍질을 닫고 잠수해서 바다 바닥으로 내려간 다음, 거
기서 참을성 있게 그 방울을 진주로 발달시킨다. 우리는 그와
같아야 한다. 먼저 들으라, 그런 다음 이해하고, 그러고 나서
모든 산란함을 떠나 외부의 영향들에 마음을 닫고서 자신 안
에 있는 진실을 발현시키는 데 자신을 바쳐라. (CW 1. 177)

20

인내하라. 나의 아이야,
너는 지금 당장 자유롭게 될 것이니!

Patience

인내

나라다(Nārada)라고 불리는 신과 같은 위대한 현자가 있었다. 인간들 중에 현자들이 있는 것과 꼭 마찬가지로 신들 중에 위대한 요기들이 있다. 나라다는 훌륭한 요기였고 매우 뛰어났다. 그는 모든 곳을 여행했다. 어느 날 숲을 지나가다가 그는, 흰개미들이 몸을 둘러서 거대한 언덕을 지을 때까지 명상을 해 오고 있는, 다시 말해 그 자세로 아주 오래 앉아 있어 온 한 사람을 보았다. 그는 나라다에게 "어디로 가시오?"라고 물었다. 나라다는 "천국으로 가고 있습니다."라고 대답했다. 그는 "그렇다면 신께, 언제 내게 자비를 베푸실 것인지, 다시 말해 내가 언제 자유를 얻게 될 것인지 여쭤봐 주시오."라고 부탁했다. 나라다는 계속 더 가다가 다른 한 사람을 보았다. 그는 뛰어 돌아다니며 노래하고 춤을 추고 있었는데, 그는 "오, 나라다여, 어디로 가고 있소?"라고 물었다. 그의 목소리와 몸짓은 거칠었다. 나라다는 "저는 천국으로 가고 있습니다."라고 말했다. 그는 "그렇다면 내가 언제 자유롭게 될 것인지 신께 여쭤봐 주시오."라고 말했다. 나라다는 계속해서 갔다.

충분한 시간이 지나 그는 다시 같은 길을 지나게 되었고, 거기에는 자신을 둘러싼 개미총과 함께 명상을 해오고 있었던 사람이 있었다. 그는 "오, 나라다여, 주께 나에 대해 여쭤보았소?"라고 물었다. "물론입니다." "뭐라고 말씀하시던가요?"

"주께서 제게 당신은 네 번 더 태어난 후에 자유를 얻게 될 것이라고 말씀하셨습니다." 그때 그 사람은 눈물을 흘리며 울부짖기 시작했다. 그리고 "나는 개미총이 나를 둘러쌀 때까지 명상을 해왔는데, 아직도 네 번의 태어남이 더 남았소!"라고 말했다.

나라다는 다른 한 사람에게 갔다. 그는 "내 질문을 신께 여쭤보았소?"라고 물어보았다. 나라다는 "물론입니다. 이 타마린드(tamarind) 나무가 보입니까? 당신은 저 나무에 달린 수많은 이파리 수만큼이나 많이 태어나게 될 것이고, 그런 다음에 자유를 얻게 될 것이라고 알려드려야겠네요."라고 대답했다. 그 사람은 기쁨으로 춤추기 시작했다. 그리고 "그렇게 짧은

시간에 내가 자유를 얻게 될 것이라니!" 어떤 목소리가 들려
왔다. "나의 아이야, 너는 지금 당장 자유롭게 될 것이다." 그
것은 그의 인내에 대한 보상이었다. 그는 그 모든 태어남 내내
수행할 준비가 되어있었다. 아무것도 그를 좌절시키지 못했
다. (CW 1. 193-94)

21

나는 영혼이지 몸이 아니다.
바라보는 목격자일 뿐.

In the Realm of Tranquility

평정한 마음의 영역에서

영적인 삶에 가장 큰 도움이 되는 것은 명상(디야나(Dhyāna))
이다. 명상 속에서 우리는 자신의 모든 물질적 조건을 버리고
신성한 본성을 느낀다.

명상 속에서는 어떠한 외적인 도움에도 의존하지 않는다.
영혼의 접촉은 심지어 가장 거무칙칙한 곳들마저 가장 밝은
컬러를 칠할 수 있고, 가장 고약한 냄새 나는 것들조차 향기로
덮을 수 있으며, 사악한 것들조차 신성하게 만들 수 있다. 그
래서 모든 적의와 이기심이 제거된다.

몸에 대해 더 적게 생각하는 것이 더 낫다. 왜냐하면 우리를
타락시키는 것이 몸이기 때문이다. 우리를 비참하게 만드는

것은 몸에 대한 집착 즉 몸과의 동일시이다. 다음의 내용은 비전(祕傳)이다: 나는 영혼(spirit)이지 몸이 아니라고 생각하는 것, 그리고 (모든 관계, 모든 선, 모든 악을 가진) 이 우주 전체는 단지 일련의 그림들 즉 캔버스 위의 그림들일 뿐이고, 나는 그 그림들의 목격자라고 생각하는 것. (CW 2. 37)

22

선과 악을 숭배하지 말고
홀로 곁에 서 있는 그분을 숭배하라

Transformation Through Meditation

명상을 통한 변화

자신의 가족을 어떤 식으로도 부양할 수 없었던 젊은이가 있었다. 그는 튼튼하고 활력이 있었다. 마침내 그는 노상강도가 되었다. 길거리에서 사람들을 공격하고 약탈했다. 그 돈으로 자신의 아버지, 어머니, 아내, 아이들을 부양했다. 어느 날 나라다(Narada)라고 불리는 위대한 성자가 그 길거리를 지나가고 있었을 때까지 그는 노상강도 짓을 계속하고 있었다. 강도인 그가 나라다를 공격했다.

성자가 강도에게 "왜 나를 약탈하려 하는가? 사람들을 약탈하고 죽이는 것은 엄청난 죄이다. 너는 왜 이 모든 죄를 저지르려고 하는가?" 강도는 "왜냐면, 이 돈으로 내 가족을 부양하길 원하기 때문이야."라고 말했다. "자, 그러면 너는 그들 역시 너의 죄의 일부를 갖게 된다고 생각하는가?"라고 성자가 물었다. "틀림없이 그렇겠지."라고 강도가 대답했다. "아주 좋아, 나를 여기에 단단히 묶은 뒤에, 집에 가서 식구들에게 네가 번 돈을 나누는 것과 마찬가지로 똑같은 방식으로 너의 죄를 나눌 것인지 물어봐."라고 성자는 말했다. 그래서 그 강도는 자신의 아버지에게 가서, "아버지, 제가 아버지를 어떻게 부양하는지 아세요?"라고 물었다. 아버지는 "아니, 모르는데."라고 대답했다. "저는 강도예요, 사람들을 죽이고 약탈해요." "뭐라고! 네가 그런다고, 아들아? 말도 안 돼! 넌 불가촉천민(outcast)이야!" 그 다음에 어머니에게로 가서 "어머니, 제가 어머니를 어떻게 부양하는지 아세요?"라고 물었다. "아니"라고 그녀는 대답했다. 그는 "약탈과 살인으로 부양해요."라고 말했고, 그녀는 "끔찍하기 그지없구나!"라고 울부짖었다. "저의 죄에 동참하시겠어요?"라고 아들이 물었고, 그녀는 "내가 왜 그래야 하는데? 나는 절대 강도 짓을 하지 않았어."라고 대답했다. 그리고 나서 그는 아내에게로 가서 "우리 가족 모두를 어떻게 부양하는지 아시오?"라고 물었다. 그녀는 "아니오."라고 대답했다. "이런, 난 노상강도야."라고 대답했다. "그리고 여러 해 동안 사람들을 약탈해 오고 있어. 이것이 내가 당신들 모두를 부양하고 뒷바라지하는 방식이야. 그리고 지금 내가 알고 싶은 것은, 당신이 내 죄를 나누어 가질 준비가 되었는지 여부야.” “절대 안 돼요. 당신은 내 남편이고, 나를 부양하는 것은 당신의 의무예요.”

강도는 눈을 떴다. “이것이 세상의 방식이구나, 심지어 가장 가까운 나의 친족들조차 내가 그들을 위해 강도 짓을 벌여오고 있는데도, 나의 운명을 나누지 않으려 하는구나.” 그는 성자를 묶어두었던 장소로 돌아와서, 밧줄을 풀고서 그의 발아래에 엎드려 모든 것을 자세히 이야기했다. 그리고 “저를 구해주십시오! 제가 무엇을 할 수 있을까요?”라고 말했다. “현재의 삶의 행로를 포기해라. 가족들 중 누구도 진정으로 너를 사랑하지 않는다는 것을 보았다. 따라서 이 모든 환영을 포기해라. 그들은 너의 부를 나눌 것이지만, 네가 빈털터리가 되는 순간 그들은 너를 버릴 것이다. 너의 악을 함께 나누게 될 사람은 아무도 없다. 그러나 그들 모두는 너의 선을 나눌 것이다. 그러므로 우리가 선을 행하고 있든 악을 행하고 있든 홀로 우리 곁에 서 있는 그분을 숭배하라. 그분은 결코 우리를 떠나지 않는다. 왜냐하면 사랑은 결코 타락하지 않고 거래를 모르며 이기적이지 않기 때문이다.”

그런 후에 성자는 그에게 숭배하는 법을 가르쳤다. 그리고 이 사람은 모든 것을 버리고 숲속으로 들어갔다. 거기서 그는 자신을 아주 완전하게 잊어버려서, 개미들이 와서 그의 주위에 개미총들을 지을 때까지 계속 기도하고 명상했다. 그리고 그는 그것에 대해 전혀 알아차리지 못했다. 많은 세월이 흐른 후에, 어떤 목소리가 "일어나라, 오, 성자여!"라고 말했다. 그래서 깨어난 그는 "성자? 나는 강도야!"라고 소리쳤다. "너는 더 이상 강도가 아니다, 정화된 성자이다. 너의 옛날 명칭은 사라졌다. 이제, 너의 명상이 매우 깊고 탁월해서 심지어 너를 둘러쌌던 개미총조차 알아차리지 못했으므로, 이제부터 너의 이름은 발미키(Vālmīki) 즉 개미총에서 태어난 자가 될 것이다." 그렇게 그는 성자가 되었다. (CW 4. 63-65)

23

명상에는 세 단계가 있다.
- 집중, 명상, 사마디(삼매)

Three Stages of Meditation

명상의 세 단계

명상에는 세 단계가 있다. 첫째는 다라나(Dhāranā)라고 불리는 것으로 대상에 마음을 집중하는 것이다. 나는 이 유리잔에 마음을 집중하려 노력하여서 이 유리잔을 제외한 다른 모든 대상을 내 마음에서 배제한다. 그러나 마음은 동요하고 있다 ⋯ 마음이 강해지게 되어서 그다지 많이 동요하지 않을 때, 그것은 디야나(Dhyāna) 즉 명상이라고 불린다. 그 다음, 유리잔과 나 자신 사이의 차이가 없어질 때, 거기에 한층 더 높은 상태 즉 사마디(Samādhi) 즉 삼매 또는 전념이 있다. 마음과 유리잔은 동일하다. 나는 어떠한 차이도 보지 못한다. 모든 감각이 멈추고 다른 감각들의 다른 통로들을 통해서 작용하고 있는 모든 힘이 마음에 집중된다. 그때 이 유리잔은 완전히 마음의 힘 아래에 있다. 이것은 실현될 것이다. 이것은 요기들이 하는 놀라운 놀이이다. (CW 4. 228)

24

명상은 마음이 자신에게로 되돌아오는 것이다.
아름다운 완전한 휴식이다.

How to Rest

How to Rest

휴식하는 법

명상은 마음이 자신에게로 되돌아오는 것이다. 마음은 모든 생각의 물결을 멈추어서 세상이 멈춘다. 당신의 의식은 확장된다…. 좀 더, 갈수록 더 열심히 노력하라. 그러면 명상이 일어난다. 그때 몸이나 그 밖의 다른 어떤 것도 느끼지 못한다. 명상 시간이 지나 거기에서 나오면, 당신은 인생에서 경험해 보지 못한 가장 아름다운 휴식을 경험한 셈이다. 명상은 언제나 자신의 몸에 휴식을 주는 유일한 방법이다. 심지어 가장 깊은 숙면조차도 당신에게 그와 같은 휴식을 주지 못할 것이다. 마음은 가장 깊은 잠 속에서조차 계속 뛰어다닌다. 단지 이 몇 분의 명상 속에서 당신의 뇌는 거의 멈춘다. 그저 약간의 생기 에너지만이 계속 유지된다. 몸을 잊는다. 아마 몸이 조각나게 되어도 그것을 전혀 느끼지 못할 것이다. 명상 속에서 그러한 즐거움을 느낀다. 당신은 매우 가벼워진다. 이것이 명상 속에서 얻게 되는 완전한 휴식이다. (CW 4. 235)

25

작용에는 동일한 반작용이 있다.
원인이 없다면 잃어남이 없다.

Action Brings Reaction

작용은 반작용을 불러온다

자연에서 발생하는 모든 현상의 적어도 절반이 당신이 원인이고, 자연이 절반을 일으킨다. 당신이 원인이 되는 절반을 뺀다면, 그 현상은 틀림없이 멈출 것이다.

모든 작용에는 동일한 반작용이 있다… 만약 어떤 사람이 나를 때리고 내가 상처를 입는다면, 전자는 그 사람의 작용이고 후자는 내 몸의 반작용이다.

다른 예를 들어보자. 호수의 잔잔한 표면에 당신이 돌멩이들을 떨어뜨리고 있다. 떨어지는 모든 돌멩이는 반작용을 불러일으킨다. 그 돌멩이들은 호수에 이는 작은 물결들에 의해 감추어진다. 유사하게 외부의 것들은 마음이라는 호수 속으로 떨어지는 돌멩이들과 같다. 그러므로 실제로 우리는 외부의 것들을 보지 못한다…. 우리는 물결들만 볼 뿐이다. (CW 4. 228-29)

26

명상은 우리에게 모든 것을 준다.
명상의 힘, 즉 생각의 집중도 본다.
명상은 지식을 위한 과학적 방법이다.

The Power of Meditation

명상의 힘

명상의 힘은 우리에게 모든 것을 가져다준다. 자연을 정복하는 힘을 가지길 원한다면, 명상을 통해서 당신은 그 힘을 가질 수 있다. 오늘날 과학적인 모든 사실은 명상의 힘을 통해서 발견되었다. 과학자들은 그 주제를 연구하고 모든 것, 다시 말해 자신들의 정체성과 모든 것을 잊어버린 다음에, 위대한 사실이 섬광처럼 온다. 몇몇 사람은 이것이 영감이라고 생각한다.

영감은 없다…. 영감으로 받아들여지는 것은 무엇이든지 이미 마음에 있는 원인들로부터 온 결과이다. 어느 날, 섬광이 그 결과를 발생시킨다! 그들의 과거의 연구가 그 원인이다.

또한 거기서 당신은 명상의 힘, 즉 생각의 집중도 본다. 이 사람들은 자신의 영혼들을 마구 휘젓는다. 위대한 진실들이 표면으로 떠올라 나타나게 된다. 그러므로 명상 수행은 지식을 위한 위대한 과학적 방법이다. (CW 4. 230)

27

존재하는 것은 무엇이든 하나이다.
모든 것은 영혼(spirit)이다.

Meditation Is A Science

명상은 과학이다

존재하는 것은 무엇이든 하나이다. 많이 있을 리가 없다. 그 것이 과학과 지식이 의미하는 바이다. 무지는 다양성을 본다. 지식은 하나를 깨닫는다… 많은 것을 하나로 줄이는 것이 과 학이다… 전체 우주가 하나라는 사실이 증명되었다. 그 과학 은 베단타의 과학으로 불린다. 전체 우주는 하나이다.

우리는 지금 이 모든 다양성을 가지고 있고, 그것들 즉 소 위 다섯 요소라고 부르는 것을 본다. 그 다섯 가지는 고체 요 소, 액체 요소, 기체 요소, 빛나는 요소, 에테르 요소이다. 명상 은 모든 것을 궁극적 참실재 즉 영혼(spirit)으로 융해시키는 것 으로 된 이 수행으로 이루어진다. 고체는 액체로, 액체는 기체로, 기체는 에테르로, 그런 다음 마음으로, 그리고 마음은 녹아서 차츰 사라질 것이다. 모든 것은 영혼이다.

알다시피 명상은 상상으로 된 프로세스에 의해 일어난다. 이 모든 요소 정화 프로세스, 다시 말해 하나가 다른 하나로 녹아들고, 그것은 다음의 더 높은 것으로, 그 높은 것은 마음으로, 그 마음은 영혼으로 녹아들어 가서, 당신은 영혼이 된다.

여기 거대한 점토 덩어리가 있다. 그 점토로 나는 작은 쥐를 만들었고, 당신은 작은 코끼리를 만들었다. 둘은 모두 점토이다. 이 둘을 녹여라. 그것들은 본질적으로 하나이다. (CW 4. 232-35)

28

사소한 일이라 할지라도
그때그때 하고 있던 일에 완전히 전념하라

Pavahari Baba: An Ideal Yogi

파바하리 바바(Pavahari Baba): 이상적인 요기

모두 다음과 같은 도둑에 대해 들어본 적이 있을 것이다. 그 도둑은 파바하리 바바의 아슈람(Āshrama)에서 도둑질을 했고, 성자인 파바하리 바바를 보자 겁을 먹고 자신이 훔친 물건 꾸러미를 놓아둔 채 달아나 버렸다. 그래서 그 성자는 그 묶음을 집어 들고 그 도둑을 쫓아서 수 마일을 힘껏 달려 그를 따라잡았다. 그리고 그는 도둑의 발아래에 그 묶음을 내려놓고, 두 손을 모으고 눈물을 흘리면서 자신의 침해를 용서해달라고 요청하며 그 물건들을 받아달라고 그에게 열심히 간청했다. 왜냐하면 그것들은 그 도둑의 것이었지 성자 자신의 것은 아니었기 때문이다.

또한 우리가 듣기로는, 믿을 만한 소식통에 따르면, 한번은 그가 코브라에 물렸고 여러 시간 동안 죽은 상태여서 그를 포기했지만, 그가 되살아났다고 한다. 그의 친구들이 그 일에 대해 물었을 때, 그는 코브라를 "사랑하는 이가 보낸 메신저였다"고 대답할 뿐이었다.

그의 위대한 특성들 중 하나는 아무리 사소한 일이라 할지라도 그때그때 하고 있던 일에 완전히 전념했다는 것이다. 그는 슈리 라구나트지(Shri Raghunathji, 즉 라마찬드라(Ramachandra); 그가 선택한 이상적인 신)를 숭배할 때와 마찬가지로 구리 항아리를 깨끗이 닦는 일에 같은 양의 주의와 집중을 기울였다. 따라서 언젠가 그가 우리에게 말했던 일에 대한 비밀의 가장 훌륭한 본보기가 그 자신이다: "수단을 사랑하고 보살펴야만 한다. 마치 목적 그 자체인 것처럼."

저자인 나(스와미 비베카난다)는 그 성자에게 세상을 돕기 위해서 왜 동굴에서 나오지 않느냐고 물어볼 기회를 가졌다. 성자는 다음과 같이 답했다: "당신은 물리적인 도움이 가능한 유일한 도움이라고 생각합니까? 육체적인 활동 없이도 하나의 마음이 다른 마음들을 도울 수 있는 것이 가능하지 않나요?"

(CW 4. 292-94)

29

의례 중심의 종교를 포기하라
결코 청정성은 소멸될 수 없다.

A Fable About Buddha

붓다에 대한 우화

붓다가 태어났을 때, 그는 너무 순수해서 멀리서 그의 얼굴을 본 사람은 누구든지 즉시 의례 중심의 종교를 포기하고 승려가 되어서 구원받게 되었다. 그래서 신들은 회의를 열었다. 그들은 "우리는 끝이다."라고 말했다. 왜냐하면 대부분의 신은 의례들을 먹고 살기 때문이다. 바친 이 제물들은 신들에게 돌아가는데, 이 제물들이 모두 사라졌다. 신들은 굶주림으로 죽어가고 있었고, 그 이유는 그들의 힘이 사라졌기 때문이었다.

그래서 신들은 다음과 같이 말했다: "어쨌든 우리는 이 사내를 깔아뭉개야만 해. 그는 너무 순수해서 우리가 생명을 유지하기 어려워." 그런 후에 신들은 붓다에게 다가가 다음과

같이 말했다: "선생님, 당신께 무언가 요청 드리러 왔습니다. 우리는 성대한 희생제를 지내고 싶습니다. 그래서 거대한 불을 피우려 합니다. 불을 피울 순수한 장소를 찾아서 온 세상을 돌아다녔지만 찾지 못했습니다. 지금 그 장소를 발견했습니다. 누워주신다면, 우리는 당신의 가슴에 거대한 불을 피울 것입니다." 붓다는 "좋소, 그렇게 하시오."라고 말했다.

그래서 신들은 붓다의 가슴에 불을 높이 지폈고, 그가 죽었다고 생각했지만, 그는 죽지 않았다. 그러자 그들은 돌아다니며 "우리는 끝장났다."라고 말했다. 그리고 모든 신이 붓다를 때리기 시작했다. 소용없었다. 그들은 그를 죽일 수 없었다. 밑에서 다음과 같은 목소리가 들려왔다: "당신들은 왜 이 모든 헛된 시도를 하고 있소?"

"당신을 보는 누구나 정화되어서 구원됩니다. 그래서 아무도 우리를 숭배하지 않을 것입니다."

"그렇다면, 당신들의 시도는 허사가 될 것이오. 왜냐하면 결코 청정성은 소멸될 수 없기 때문이라오" (CW 3. 525)

30

나는 존재한다.
말과 마음을 넘어서!

A Song of Samādhi (Rendered from Bengali)

사마디의 노래 (벵골어에서 번역)

보라! 태양도 없고, 어여쁜 달도 없네,

모든 빛이 사라졌다오; 거대한 빈 공간에

그림자와 같은 이미지의 우주가 떠다니네.

마음의 허공에 소용돌이가 거기서 떠다니네.

현재의 "나" 안에서 무상한 우주가

끊임없이 일어나서 부유하고, 다시 가라앉고, .

천천히, 천천히, 수많은 그림자가

원초의 자궁으로 들어갔고, 끊임없이 흘렀다오.

유일한 흐름, "나는 존재한다", "나는 존재한다".

보라! 이 흐름이 멈추게 되었네, 그 유일한 흐름조차 더 이

상 흐르지 않는다네,

　허공이 허공 속으로 녹아들었다네, 말과 마음을 넘어서!

　심장으로 이해하는 자, 그는 진실로 이해한다오. (CW 4. 498)

31

묵티는 완전한 자유,
즉 선과 악의 속박으로부터의 자유를 의미합니다.

Questions and Answers
질문과 답변

질문자: 누구를 구루(Guru)라고 부를 수 있을까요?

스와미 비베카난다(이하 스와미): 당신의 과거와 미래를 말할 수
있는 사람이 당신의 구루입니다.

질문자: 어떻게 박티(Bhakti; 신에 대한 헌신과 사랑)를 가질 수 있나
요?

스와미: 자신 안에 박티가 있습니다. 오직 성적 욕망과 부(富)
라는 장막만이 그것을 덮고 있습니다. 이 장막이 제거되자
마자 박티가 저절로 나타날 것입니다.

질문자: 쿤달리니(Kundalinī; 척추 기저에 똬리를 튼 뱀의 형태로 잠들어
있는 영적 에너지)가 육체적 신체에 정말 존재하나요?

스와미: 슈리 라마크리슈나께서는 소위 요기의 연꽃들이라 불리는 것이 실제로는 인간의 몸에 존재하지 않지만, 요가의 힘들에 의해 몸 자체 안에 창조된다고 말씀하시곤 했습니다.

질문자: 이미지 숭배로 묵티(Mukti; 해탈)를 얻을 수 있을까요?

스와미: 이미지 숭배가 직접적으로 묵티를 줄 수는 없습니다. 다시 말해서, 그 숭배는 간접적인 원인일 수도, 즉 그 길을 가는 데 도움이 될 수도 있습니다. 이미지 숭배는 비난받지 말아야 합니다. 왜냐하면 많은 사람에게 그것은 유일하게 인간을 완전하게 만드는 아드바이타(Advaita; 불이원성(不二元性))를 깨닫기 위해 마음을 준비시키기 때문입니다.

질문자: 무엇이 묵티입니까?

스와미: 묵티는 완전한 자유, 즉 선과 악의 속박으로부터의 자유를 의미합니다. 황금 사슬도 쇠사슬과 같은 사슬입니다. 슈리 라마크리슈나(Shri Ramakrishna)께서는 다음과 같은 말씀을 하시곤 했습니다. 발을 찌른 한 개의 가시를 뽑아내기 위해서 다른 가시가 필요하다. 가시가 뽑혔을 때, 두 가시 모두 버려라. 마찬가지로 나쁜 경향성들은 좋은 경향성들에 의해서 중화될 것이지만, 그 후에 좋은 경향성들 또한 타파되어야 한다.

질문자: 어떻게 베단타(Vedanta)를 깨달을 수 있나요?

스와미: "듣기, 숙고하기, 명상하기"로 그럴 수 있습니다. 듣기는 사드-구루(Sad-Guru; 진정한 구루)로부터 들어야만 합니다. 설령 어떤 사람이 정식 제자가 아니지만 적합한 구도자이고 사드-구루의 말을 듣는다면, 그는 깨닫게 됩니다.

질문자: 어느 곳에 명상을 해야 합니까, 몸 안쪽입니까, 몸 바깥쪽입니까? 마음을 안으로 거두어들여야 합니까, 바깥에 유지해야 합니까?

스와미: 우리는 내면에서 명상하려 노력해야 합니다. 여기 또는 저기에 있는 마음에 대해 말하자면, 우리가 정신의 층에 도달할 때까지 긴 시간이 걸릴 것입니다. 지금 우리는 몸과 투쟁하고 있습니다. 요가 자세에서 완전한 안정성을 얻었을 때, 오직 그때만 수행자는 마음과 투쟁하기 시작합니다. 아사나(Asana; 요가 자세)를 정복한 그의 사지는 움직임 없이 유지되고, 그는 자신이 원하는 만큼 앉아 있을 수 있습니다.

질문자: 때로 수행자는 자파(Japa; 만트라의 반복)에 싫증이 날 수 있습니다. 그는 자파를 계속해야 할까요, 아니면 대신에 어떤 좋은 책을 읽어야 할까요?

스와미: 수행자는 두 가지 이유 때문에 자파에 싫증을 냅니다. 어떤 때는 그의 뇌가 지치게 되어서, 또 어떤 때는 게으름의 결과입니다. 만일 전자의 경우라면, 그때 그는 당분간 자파

를 포기해야 합니다. 왜냐하면 그때 자파를 계속한다면 결과적으로 환영들을 보게 되거나 정신 이상 등이 야기될 수 있기 때문입니다. 그러나 만일 후자의 경우라면, 마음이 자파를 계속하게 해야 합니다.

질문자: 마음이 산만한 상태일지라도 오랜 시간 자파 수행을 하는 것이 좋을까요?

스와미: 예, 그렇습니다. 야생마의 등에 항상 자리 잡고 계속 앉아 있음으로써 그 야생마를 길들이는 것과 같습니다.

질문자: 무엇이 기도의 효력입니까?

스와미: 기도를 통해 수행자의 미세한 힘들을 쉽게 깨웁니다. 그리고 만일 의식적으로 한다면, 기도로 모든 욕망을 충족시킬 수도 있습니다. 그러나 무의식적으로 하게 된다면, 아마도 열에 하나가 충족될 것입니다. 하지만 그러한 기도는 이기적이고, 따라서 버려야 합니다.

질문자: 당신은 『박티-요가』(Bhakti-Yoga; 신에게 헌신하는 요가)에서, 만일 몸이 허약한 사람이 요가를 수행하려 한다면, 무시무시한 반작용이 일어난다고 썼습니다. 그렇다면 어떻게 해야 할까요?

스와미: 참자아를 깨달으려다가 죽는다면 무엇이 두렵습니까! 사람은 배움이나 다른 많은 일을 위해서 죽음을 두려워하지 않습니다. 왜 당신이 종교를 위해 죽는 것을 두려워해

야 합니까? (CW 5. 314-25)

32

서서히 아카샤 또한 사라졌고,
그 후에 나의 에고 의식도 사라졌다.

Experience and Verification

경험과 확인

스와미지(Swamiji): 어느 날 닥쉬네스와르(Dakshineswar)에 있는 사원의 정원에서 슈리 라마크리슈나(Shri Ramakrishna)께서 나의 심장 부위를 건드렸다. 그러자 나는 가장 먼저 집들 즉 방들, 문들, 창문들, 베란다들 그리고 나무들, 태양, 달, 이 모든 것이 날아가 버리고, 말하자면 산산이 부서져 조각나서 원자들과 분자들로 축소되었으며, 종국에는 아카샤(Ākāsha; 공(空), 또는 공간) 속으로 융합되는 것을 보기 시작했다. 다시, 서서히 아카샤 또한 사라졌고, 그 후에 그 아카샤와 함께 나의 에고 의식도 사라졌다. 그 다음에 일어났던 일은 기억나지 않는다. 처음에 나는 겁에 질렸다. 그 상태로부터 돌아올 때, 다시 나는 집들, 문들, 창문들, 베란다들 그리고 다른 것들을 보기 시작했다. 또 다른 때에 나는 미국에 있는 한 호숫가에서 정확히 동일한 깨달음을 경험했다.

제자: 이 상태가 뇌의 이상으로 초래된 것이 아닐까요? 그리고 저는 그러한 상태를 실현하는 데 어떤 즐거움이 있을 수 있는지 이해하지 못하겠어요.

스와미지: 뇌의 이상이라! 어떤 질병으로 인한 정신착란의 결과로 발생하는 것도 아니고, 술에 취한 결과로 발생하는 것도 아니며, 또한 다양한 종류의 기묘한 호흡 수행들로 야기된 환영으로 발생하는 것도 아니라, 육체적 건강과 완전하게 제정신을 가진 평범한 사람에 관해서라면, 그걸 어떻게 그렇게 부를 수 있겠니? 또 한편으로 이 경험은 베다들과 완벽하게 조화를 이루지. 그것은 또한 옛날에 영감을 받은 리쉬(Rishi; 현자)들과 아차리야(Ācārya; 스승)들의 깨달음의 말씀들과도 부합한단다. (CW 5. 392)

33

고통은 집착하는 데서 초래된다.
그러므로 집중력의 계발과 더불어
집착하지 않는 힘을 계발해야만 한다.

How to be Detached

집착하지 않게 되는 법

우리의 거의 모든 고통은 집착하지 않는 힘이 없는 데서 초래된다. 그러므로 집중력의 계발과 더불어 집착하지 않는 힘을 계발해야만 한다. 배타적으로 하나의 것에 마음을 두는 법뿐만 아니라, 또한 곧바로 마음을 그것에서 분리시켜 그 외의 다른 것에 마음을 두는 법을 배워야만 한다. 마음을 안전하게 만들기 위해서 이 둘은 함께 계발되어야 한다.

이것이 마음을 체계적으로 계발하는 것이다. 내게 있어 교육의 진짜 정수는 마음을 집중하는 것이지, 사실들을 모으는 것이 아니다. 만일 내가 다시 한 번 교육을 받아야 했고, 교육문제에 어떠한 영향력을 가지고 있었다면, 나는 사실들에 대한 공부를 전혀 하지 않았을 것이다. 나는 집중력과 집착하지 않는 힘을 발달시켰을 것이고, 그런 다음 그 완벽한 도구로 자유자재로 사실들을 모을 수 있었을 것이다.

우리는 우리의 마음을 어떤 것들에 두어야 한다. 다시 말해 우리의 마음이 그것들로 끌려가서는 안 된다. 우리는 보통 억지로 집중하게 된다. 우리의 마음은 우리가 저항할 수 없는 끌림에 의해서 여러 가지 것들에 억지로 고정된다. 마음을 통제하기 위해서는, 즉 우리가 원하는 바로 그곳에 마음을 두기 위해서는 특별한 훈련이 필요하다. (CW 6. 38-39)

통제되고 안내된 마음은 우리를 구할 것이고,
우리를 자유롭게 할 것이다.

How to Study the Mind

마음을 공부하는 법

통제되지 않고 안내되지 않은 마음은 우리를 영원히 아래로, 아래로 끌어내릴 것이다. 즉 우리를 찢고, 우리를 죽일 것이다. 반면 통제되고 안내된 마음은 우리를 구할 것이고, 우리를 자유롭게 할 것이다. 따라서 마음은 통제되어야만 한다. 그리고 심리학은 그 통제법을 우리게 가르친다.

재료의 화학적·물리적 속성을 다루는 어떤 재료 과학을 학습하고 분석한다면, 충분한 데이터를 얻게 된다. 이 데이터 즉 사실들은 학습·분석되고, 과학의 지식은 그 결과이다. 그러나 마음에 대한 학습과 분석에서는 모든 것에 대한 통제가 동일하게 된, 외부로부터 얻어지는 데이터 즉 사실들이 없다. 마음은 마음 그 자체로 분석된다. 그러므로 가장 위대한 과학은 마음의 과학 즉 심리학의 과학이다.

내면의 깊고 깊은 곳에 영혼, 바꿔 말해 본질적인 인간 즉 아트만(Ātman)이 있다. 마음을 내면으로 돌려서 그것과 결합되게 하라. 그리고 그러한 안정된 관점에서 마음의 소용돌이들을 지켜볼 수 있고, 사실들을 관찰할 수 있는데, 모든 사람에게서 이것들을 발견할 수 있다.

마음을 통제하려면 당신은 잠재의식적 마음으로 깊이 내려가야만 하고, 거기에 축적되어 있는 여러 가지 인상들과 생각들 등 모든 것을 순서대로 분류·배열해야만 하며, 그것들을 통제해야만 한다. 이것이 첫 단계이다. 잠재의식적 마음을 통제함으로써, 당신은 의식에 대한 통제력을 얻는다. (CW 6.30-32)

처음에는 대상의 형태를 취하지만,
그 대상이라는 의식이 사라진단다.
그런 다음, 순수한 "있음"의 경험만이 남게 되지.

Practical Hints on Meditation
명상에 대한 실제적인 힌트들

스와미 슛다난다(Shuddhananda)가 "무엇이 명상의 참된 본성입니까, 스승님?"이라고 물었다.

스와미지: 명상은 어떤 대상에 마음을 집중하는 것이란다. 만일 마음이 한 대상에 대한 집중력을 획득한다면, 그 마음은 어떤 대상에 대해서든지 그렇게 집중할 수 있게 되지.

제자: 문헌들에 두 종류의 명상이 언급되어 있습니다. 하나는 대상이 있는 것이고, 다른 하나는 대상이 없는 것입니다. 그 둘이 의미하는 바는 무엇이고, 둘 중 어느 것이 더 높은 것입니까?

스와미지: 우선, 명상 수행은 마음 앞에 있는 어떤 하나의 대

상을 가지고서 진행해야 해. 예전에 나는 한때 어떤 검은 점에 마음을 집중했어. 결국 그 당시에 나는 그 점을 더 이상 볼 수도 없었고, 그 점이 내 앞에 있다는 것을 전혀 알아차리지도 못했지. 마음이 더 이상 존재하지 않았어, 다시 말해 마음의 작용이라는 물결이 일어나지 않았지. 마치 마음이 바람 한 점조차 없는 대양과 같았단다. 그 상태에서 나는 초감각적 진실의 희미한 빛들을 경험하곤 했지. 그래서 나는 심지어 외부의 어떤 하찮은 대상으로 명상 수행을 하더라도 정신적인 집중으로 이어진다고 생각했어. 하지만 수행자가 자신의 마음을 가장 진정시키기 쉬운 어떤 대상으로 명상 수행을 할 때, 그 마음이 아주 쉽게 고요해지는 것은 사실이야. 이것이 우리 인도에서 남신과 여신의 이미지들에 대해 아주 많이 숭배하는 이유이지. 그리고 얼마나 놀라운 예술이 그러한 숭배로부터 발달했는지! 그러나 이젠 더 이상 그렇지 않아. 그렇지만 명상의 대상들이 모든 사람에게 결코 같을 순 없다는 건 사실이야. 사람들은 명상 속에서 완전하게 되기 위해 자신들이 의지했던 이 외부 대상들만을 다른 사람들에게 공포하고 설명했지. 나중에, 이러한 대상들이 정신의 완전한 고요를 획득하기 위한 보조 도구들이라는 사실을 망각한 사람들은 다른 무엇보다 그 보조 도구들을 극찬하게 되었어. 그들은 전적으로 수단들에 관심을 가졌고, 목적에 대해 상당히 무관심하게 되었단다. 진짜 목표는 마음이 작용하지 않게 만드는 것이지만, 수행자가 어떤 대상에 몰두하게 되지 않는 한 이 상태에 도달할 수 없어.

제자: 하지만 만일 마음이 완전히 몰두하게 되거나 어떤 대상과 동일시된다면, 어떻게 그것이 우리에게 브라만 의식을 줄 수 있습니까?

스와미지: 그래, 마음이 처음에는 대상의 형태를 취하긴 하지만, 나중에 그 대상이라는 의식이 사라진단다. 그런 다음, 순수한 '있음'의 경험만이 남게 되지. (CW 6. 486—87)

36

수행중 초능력들이 나타날 수 있지만
그것은 참나를 찾는데 도움이 되지 않는다.

Supernatural Powers

초능력들

스와미지께서 "약간의 정신 집중으로 기적적인 힘들을 얻을 수 있다"고 말씀했다. 그리고 제자를 향해, "그런데 넌 독심술을 배우고 싶지 않니? 내가 너에게 나흘이나 닷새 안에 그걸 가르쳐 줄 수 있는데."라고 물었다.

제자: 그게 제게 무슨 쓸모가 있겠습니까, 스승님.

스와미지: 아니, 네가 다른 사람들의 마음을 알 수 있게 될 텐데.

제자: 그것이 제가 브라만에 대한 지식을 얻는 데 도움이 됩니까?

스와미지: 조금도 안 되지.

제자: 그렇다면 저는 그 기법을 배울 필요가 없습니다.

스와미지: 하지만 슈리 라마크리슈나께서는 이 초능력들을 비난하곤 하셨지. 그분께서는 만일 마음이 이 능력들을 드러내 보이는 쪽으로 전환되면, 수행자는 지고의 진실을 획득할 수 없을 것이라고 가르치셨단다. 그렇지만 인간의 마음은 너무도 약해서, 재가자들은 말할 것도 없고, 심지어 사두(Sādhu; 힌두교 승려)들의 90%조차 이 힘들의 신봉자가 되는 일이 발생해. 서구에서 만일 사람들이 그러한 경이로운 일들을 우연히 마주친다면, 그들은 그러한 놀랍고 불가사의한 일들에 빠진단다. 슈리 라마크리슈나께서 자비롭게도 진짜 영성에 장애가 되는 것들로서 그 힘들의 해악을 이해하도록 만들어 주셨기 때문에, 우리가 그것들을 알맞은 가치로 받아들일 수 있는 거야. 그런 이유로 슈리 라마크리슈나의 제자들이 어떤 식으로든 그 힘들에 주의를 기울이지 않는다는 것을 너는 알아차리지 못했니? (CW 6. 515–17)

신성한 화신들은
세상을 선하게 만들고자
초의식에서 의식 상태로 내려온다.

The Mystery of Samādhi

사마디의 미스터리

제자: 절대적이고 초월적인 니르비칼파 사마디(Nirvikalpa
Samādhi; 분별 없는 무아경 또는 무상삼매(無相三昧))를 획득하자마
자, 아무도 에고이즘(egoism) 의식을 통해서 이원성으로 된
세상으로 돌아올 수 없나요?

스와미지: 슈리 라마크리슈나께서는 아바타라(Avatāra; 신성한 화
신)들만이 세상의 선(善)을 위해서 그 사마디 상태로부터 일
상의 층위로 하강할 수 있다고 말씀하시곤 했어. 보통의 지
바(Jīva; 개인 영혼)들은 그렇게 하지 못해.

제자: 사마디에서 마음이 융해되어 의식의 표면에 물결들이
남아있지 않을 때, 그때 어디에 정신이 작용할 가능성이 있

고, 어디에 에고 의식을 통해 세상으로 돌아올 가능성이 있습니까? 마음이 없을 때, 그때 누가 사마디로부터 상대적인 층위 즉 일상의 층위로 내려오고, 무엇을 수단으로 해서 내려올 것입니까?

스와미지: 베단타의 결론에 따르면, 절대적 사마디가 있고 모든 마음의 변형이 그친다면 그 상태로부터 돌아오지 않는단다. 베단타의 경문에서 말하길, "문헌들을 보면, 그 상태로부터 돌아오지 않는다." 그러나 아바타라들은 세상을 선하게 만들고자 하는 약간의 욕망을 간직하고 있지. 그 가는 줄을 붙잡음으로써 그들은 초의식 상태로부터 의식 상태로 내려온단다. (CW 7. 140)

38

성적인 생각과 말과 행동이 통제될 때
힘이 있고 지성적이며 영적으로 강해진다.

The Power of Ojas

오자스(Ojas)의 힘

요기들이 말하길, 성적인 생각에서 성 에너지로 나타나는 인간 에너지의 그 부분은 억제되고 통제될 때 쉽게 오자스(에너지, 힘, 정력)로 변화하게 된다.

오자스는 뇌에 축적되고, 더 많은 오자스가 인간의 머리에 있을수록, 그는 더 힘 있고, 더 지성적이며, 영적으로 더 강력하다. 어떤 사람은 아름다운 언어와 아름다운 생각을 말할 수 있지만, 사람들에게 인상을 주지 못한다. 또 다른 사람은 아름다운 언어도 아니고, 아름다운 생각도 아닌 말을 하지만, 그의 말은 매력적이다. 그의 말은 매 순간 힘이 있다. 이것이 오자스의 힘이다.

고결한 남성 또는 여성만이 오자스를 상승시키고 뇌에 그것을 축적할 수 있다. 바로 이것이 동정(童貞)이 언제나 최고의 덕목으로 간주되어 온 이유이다. 만일 그가 고결하지 못하다면, 영성은 사라져버리고, 그는 정신적 활력과 육체적 스테미너를 상실한다. 이런 이유로 영적인 거인들을 배출해온 세상의 모든 종교의 규율들에서 언제나 절대적인 동정이 요구되는 것을 발견할 것이다. 승려들이 결혼을 포기하게 되었던 것도 그 때문이다. 사고와 말과 행동에서 완전한 동정이 있음에 틀림없다. (CW 1. 169-70)

39

성적 금욕을 준수한 수행자는
모든 학문을 짧은 시간 내에 통달할 수 있다.

The Mystery of Learning

배움의 미스터리

며칠 전에 브리태니커 백과사전(Encyclopaedia Brittanica) 새 세트를 라마크리슈나 사원(Math)을 위해 가져왔다. 눈에 띄는 새 책들을 본 제자가 스와미지에게 "이 모든 책을 한 생에 다 읽는 것은 거의 불가능하겠는데요."라고 말했다. 그는 스와미지가 이미 열 권을 읽었고, 열한 권째 책을 읽기 시작했다는 것을 알지 못했다.

스와미지: 무슨 말이지? 이 열 권의 책에서 네가 원하는 어떤 것이라도 내게 물어보렴. 그러면 내가 네게 모두 대답해 줄 거야.

제자는 놀라며 "이 모든 책을 읽었다구요?"라고 물었다.

스와미지: 그렇지 않다면, 왜 너에게 내게 질문을 하라고 했겠니?

질문을 받은 스와미지는 그 의미뿐만 아니라, 곳곳에 있는 각 권에서 뽑은 어려운 주제들의 바로 그 전문어들을 재현 해냈다. 깜짝 놀란 제자는 책을 옆으로 치우면서 "이건 인간의 능력이 아니에요!"라고 말했다.

스와미지: 단지 엄격한 브라마차리야(Brahmacharya ; 성적 금욕)의 준수만으로도 모든 학문을 짧은 시간 내에 통달할 수 있다는 걸 알겠지. 사람은 단 한 번 듣거나 안 것을 틀림없이 기억한단다. (CW 7. 223-24)

40

마음이 더 집중될수록,
더 많은 힘이 한 점에 쏟아진다.
이것이 비밀이다.

The Power of the Mind

마음의 힘

무엇보다 먼저, 라자-요가의 과학은 내면의 상태들을 관찰하는 그러한 수단을 제시한다. 도구는 마음 그 자체이다. 주의력이 적절하게 인도되고, 내면세계를 향하게 될 때, 그것은 마음을 분석할 것이고 우리를 위해 사실들을 밝힐 것이다. 마음의 힘들은 흩어진 빛줄기들과 같다. 집중될 때, 그것들은 밝아진다. 이것이 우리 지식의 유일한 수단이다.

만일 우리가 세상을 두드리는 법을, 세상에 필요한 타격을 주는 법을 알기만 한다면, 그 세상은 자체의 비밀들을 포기할 준비가 되어 있다. 때리는 힘과 에너지는 집중을 통해서 발생한다. 인간의 마음의 힘에 대한 제한은 없다. 마음이 더 집중

될수록, 더 많은 힘이 한 점에 쏟아진다. 이것이 비밀이다. (CW
1. 129-31)

비밀스럽고 신비한 것을 버려라
삶에서 최고의 안내자는 힘(strength)이다.

Mystery-mongering

미스터리를 파는 일

이 요가 즉 라자-요가(Raja-Yoga)의 시스템들에서 비밀스럽고 신비한 어떤 것도 즉시 거부되어야 한다. 삶에서 최고의 안내자는 힘(strength)이다. 다른 모든 문제와 마찬가지로, 종교에서 당신을 약화시키는 모든 것을 버려라. 바꿔 말해서 당신을 약화시키는 그 모든 것과 전혀 관련이 없게 하라. 신비에 열중하는 것은 인간의 뇌를 약화시킨다. 그것은 가장 위대한 과학들 중 하나인 요가를 거의 파괴해 왔다. (CW 1. 134)

요기는 사치와 금욕이라는 양극단을 피해야만 한다.
그렇게 하는 자는 요기가 될 수 없다.

Follow the Middle Path

중도를 따르라

요기는 사치와 금욕이라는 양극단을 피해야만 한다. 그는
결코 단식해서는 안 되고, 자신의 몸을 괴롭혀도 안 된다. 『기
타』에서 말하길, 그렇게 하는 자는 요기가 될 수 없다. 자세히
말해보자면 단식하는 자, 자지 않고 계속 깨어있는 자, 잠을
너무 많이 자는 자, 너무 많이 일하는 자, 일하지 않는 자, 이들
중 누구도 요기가 될 수 없다. (CW 1. 136)

43

수천 번의 설법을 할 수 있지만,
당신이 그 방법을 수행할 때까지
나는 당신을 종교적이게 만들 수는 없다.

The Royal Path

왕의 길

라자-요가의 과학은 이 진실 즉 불멸에 이르는 실제적이고 과학적으로 끌어내어진 방법을 인류 앞에 제시하려 한다. 무엇보다 우선, 모든 과학은 자신들만의 연구 방법을 가지고 있어야만 한다. 천문학자가 되고 싶어 자리에 앉아서 "천문학! 천문학!"이라고 외친다고 하더라도, 당신은 결코 천문학자가 되지 못할 것이다. 화학의 경우도 마찬가지이다. 어떤 방법이 뒤따라야만 한다. 실험실로 가서 여러 가지 물질들을 취해서 그것들을 뒤섞어 혼합하고 그것들로 실험을 해야만 하고, 그것으로부터 화학에 대한 지식이 생기게 될 것이다. 천문학자가 되길 원한다면, 천문대로 가서 망원경을 가지고서 별들과 행성들을 연구해야만 한다. 그러면 당신은 천문학자가 될 것이다. 각각의 과학은 자체의 방법들을 가져야만 한다. 나는 당신에게 수천 번의 설법을 할 수 있지만, 당신이 그 방법을 수행할 때까지 나는 당신을 종교적이게 만들 수는 없을 것이다.

(CW 1.128)

44

생각하고 명상하라.
그러한 생각이 지속적으로 흐르게 되면
세상에 유익하게 될 것이다.

Effects of Meditation

명상의 효과들

밤낮으로 브라만에 대해 생각하고 명상하라, 마음으로 온전히 일념 집중하여 명상하라. 그리고 외적인 삶을 알아차리는 깨어있는 시간 동안, 다른 사람들을 위해서 어떤 일을 하거나, 또는 마음속으로 "좋은 일이 지바(Jiva; 개아)들과 세상에 일어나게 허락하라!", "모든 마음이 브라만을 향해 흐르게 하라!"라는 말을 반복하거나 둘 중 하나를 하라.

실제로 그러한 생각이 지속적으로 흐르게 되면 세상에 유익하게 될 것이다. 그게 일이든 생각이든 세상에 선(善)이 결실을 맺지 못하게 되는 경우는 없다. 당신의 생각의 흐름들이 어쩌면 미국에 있는 누군가의 종교적 느낌들을 깨우게 될 수도 있을 것이다. [스와미지께서 캘커타(Calcutta) 근처에 있는 벨루르 사원(Belur Math)에서 제자와 이야기를 나누면서 이 말씀을 했다.] (CW 7. 237)

45

참자아는 무한한 지혜의 정수이고
유일자이며 스스로 유지하는 바로 그것이다.

In the Hours of Meditation

명상의 시간에

끊어지지 않는 기름의 흐름처럼 마음을 하나의 대상에 계속 고정시켜야만 한다. 보통 사람의 마음은 여러 대상으로 흩어져 있고, 명상할 때도 역시 처음에 이리저리 돌아다니는 경향이 있다. 그렇지만 어떤 욕망이라도 마음에 일어나게 두고서, 고요히 앉아 어떤 종류의 생각들이 발생하고 있는지 지켜보아야만 한다. 그런 식으로 계속 지켜봄으로써 마음은 고요하게 되고, 거기에는 더 이상의 생각의 물결들이 일어나지 않는다. 이 물결들은 생각 즉 마음의 활동을 나타낸다. 당신이 이전에 깊이 생각했던 그것들은 변화되어서 잠재의식적 흐름이 되고, 따라서 이것들이 명상 중에 마음속에서 떠오른다.

명상을 하는 동안 이 물결들 즉 생각들이 일어나는 것은 당신의 마음이 집중으로 향하고 있다는 증거이다. 때로 마음은 한 세트의 생각들에 집중된다. 이것은 비칼파(Vikalpa; 분별 또는 망상) 즉 동요를 가진 명상이라고 불린다. 그러나 거의 모든 활동으로부터 자유롭게 될 때, 마음은 내면의 참자아 속으로 녹아 들어간다. 이 참자아는 무한한 지혜의 정수이고 유일자이며 스스로 유지하는 바로 그것이다. 이것은 마음이 모든 활동으로부터 자유로운 니르비칼파 사마디(Nirvikalpa Samādhi; 분별 없는 무아경 또는 무상삼매(無想 三昧))라고 불리는 상태이다. 우리는 슈리 라마크리슈나에게서 몇 번이고 반복해서 일어났던 이 두 형태의 사마디를 알아차렸다. 그분은 이 상태들을 얻기 위해 분투할 필요가 없었다. 이 상태들은 저절로, 그때 그 자리에서 그분에게 일어났다. 그것은 경이로운 현상이었다. 그분을 봄으로써 우리는 즉시 이러한 일들을 이해할 수 있었다. (CW 7. 253-54)

46

매일 홀로 명상하라.
헌신 없이 목표에 도달할 수 없다.

Emotions and Meditation

감정들과 명상

스와미지: 매일 홀로 명상하렴. 모든 것이 저절로 개방될 거
야. 명상하는 동안 감정적인 면들을 전부 억제해. 이것은 엄
청난 위험의 원천이야. 의심의 여지 없이 몹시 감정적인 것
들은 자신의 쿤달리니를 매우 빠르게 상승시키지만, 빠르
게 올라간 만큼 빠르게 하강하지. 그리고 아래로 내려올 때,
쿤달리니는 헌신자를 철저하게 망가진 상태로 둔단다. 이
러한 이유로 감정 개발을 위한 키르탄(Kīrtan; 헌신의 노래를 부
르는 것)들과 다른 보조적 기법들은 커다란 결점을 가지고
있어. 일시적인 충동을 통한 춤추기, 점프하기 등으로 그 힘
을 위로 위로 향해 세차게 흐르게 만들지만, 그것이 결코 지

속되지 못한다는 건 사실이야. 오히려 그 과정을 거슬러 올라갈 때 그 힘은 수행자에게 강렬한 욕망을 일으키지. 그렇지만 이런 일은 단지 지속적인 명상과 집중 수행이 부족하기 때문에 발생하는 거야.

제자: 스승님, 저는 영적 수행의 이러한 비밀을 어떤 문헌들에서도 읽은 적이 없습니다. 오늘 저는 아주 새로운 이야기를 들었습니다.

스와미지: 너는 문헌들에 영적 수행의 모든 비밀이 들어있다고 생각하니? 이러한 내용들은 구루와 제자 사이에 계승을 통해서 비밀스럽게 전수되어 오고 있단다. 단 하루도 수행을 빼먹지 마라. 만일 네가 급박한 일을 너무 많이 해야 한다면, 하다못해 15분 동안이라도 영적 수행을 해. 변함없는 헌신 없이 목표에 도달할 수 있겠니, 내 아들아? (CW 7. 254-55)

47

마음을 통제하라. 감각들을 차단하라.
자기 자신의 삶을 읽어라.

Read Your Own Life

자기 자신의 삶을 읽어라

마음을 통제하라, 감각들을 차단하라, 그러면 당신은 요기이다. 그런 다음에야 나머지 모든 것이 올 것이다. 듣기, 보기, 냄새 맡기, 맛보기를 거부하라. 외적 감각기관들로부터 정신의 힘을 빼라. 마음이 몰두될 때 당신은 무의식적으로 끊임없이 정신의 힘을 뺀다. 그러한 힘 빼기를 의식적으로 배울 수 있다. 마음은 즐거워하는 곳에 감각들을 둘 수 있다. 어쩔 수 없이 몸을 통해 행동하게 된다는 근본적인 미신을 제거해라. 자신의 방으로 가서, 당신 자신의 참자아로부터 우파니샤드들을 꺼내라. 당신은 여태껏 모든 것의 무한한 저장고였고, 앞으로도 영원히 그러할 가장 위대한 책이다. 내면의 스승이 드러날 때까지, 외부의 모든 가르침은 헛되다.

우리 자신의 책이 열릴 때까지, 책들은 우리에게 무용하다. 따라서 다른 모든 책은 우리의 책을 더 확고하게 해 주는 한 유익하다. 강함을 이해하는 것은 강한 사람이고, 사자를 이해하는 것은 코끼리이지 쥐가 아니다. 우리가 예수와 같지 않다면, 어떻게 그를 이해할 수 있겠는가? 오직 위대한 것만이 위대한 것을 평가하고, 오직 신만이 신을 깨닫는다.

우리는 살아있는 책들이고, 책들은 우리가 해온 말들일 뿐이다. 모든 것은 살아있는 신이고, 살아있는 예수이다. 그것을 그와 같이 보라. 사람을 읽어라, 그는 살아있는 시(詩)이다. 우리는 지금까지 존재했던 모든 성경과 모든 예수와 모든 붓다를 비추는 빛이다. 그렇지 않다면, 이것들은 우리에게 죽은 것들이지, 산 것들이 아니다. (CW 7. 71, 89)

48

신에게 다가가려 노력하는 자는
정신적, 육체적, 도덕적, 영적으로 강해야 한다.

Eight Limbs of Yoga

요가의 여덟 개의 가지

라자 요가는 여덟 개의 가지로 된 요가(8지(八支) 요가)로 알려져 있다. 왜냐하면 그 요가는 여덟 개의 주요한 부분으로 나뉘기 때문이다. 그것들은 다음과 같다.

첫째: 야마(Yama; 금계(禁戒)). 이것은 가장 중요하고 삶 전체를 좌우하는데, 다섯 가지이다.

1. 생각이나 말이나 행동으로 어떤 존재도 해치지 않음(불상해(不傷害)).

2. 생각이나 말이나 행동에서 탐욕 없음(불탐(不貪)).

3. 생각이나 말이나 행동에서 완전한 성적 금욕(동정(童貞)).

4. 생각이나 말이나 행동에서 완전한 진실함(진실(眞實)).

5. 증여물을 받지 않음(무소유(無所有)).

둘째: 니야마(Niyama; 권계(勸戒)). 신체를 돌봄, 매일 목욕하기, 식사 규정 등.

셋째: 아사나(Āsana; 좌법(坐法)) 즉 요가 자세. 엉덩이, 어깨, 머리를 곧게 유지시키면서, 척추는 자유롭게 두어야 함.

넷째: 프라나야마(Prānāyāma; 요가의 호흡법(呼吸法)) 즉 프라나 (Prāna; 생기에너지)를 조절하기 위해서 호흡을 보유함.

다섯째: 프라티야하라(Pratyāhāra; 제감(制感), 감각기관 제어) 즉 마음을 내면으로 돌리고 바깥으로 향하는 마음을 억제하여서, 문제를 이해하기 위해서 마음에서 그 문제를 숙고하기.

여섯째: 다라나(Dhāranā; 총지(總持)) 즉 하나의 대상에 집중하기.

일곱째: 디야나(Dhyāna; 정려(靜慮)) 즉 명상.

여덟째: 사마디(Samādhi; 삼매(三昧)) 즉 깨달음, 우리가 하는 모든 노력의 목표.

라자-요가를 통해서 신에게 다가가려 노력하는 자는 정신적, 육체적, 도덕적, 영적으로 강해야만 한다. 그 빛 속에서 매 걸음을 내딛어라. (CW 8. 41, 44)

49

육체적, 정신적 순수성 그리고 인내심,
불굴의 의지로 수행을 하루도 거르지 마라.

At the Threshold(문지방, 발단, 시초)

수행을 시작할 때

이것은 개성을 이끌어내려는 가르침이다. 각자의 개성은 길러져야만 한다. 모든 것은 중심에서 만날 것이다. "상상은 영감으로 통하는 문이고 모든 생각의 기초이다." 모든 예언자, 시인, 발견자는 위대한 상상력을 가지고 있었다. 자연에 대한 설명은 우리 안에 있다; 돌은 바깥에서 떨어지지만, 중력은 바깥이 아니라 우리 안에 있다.

배불리 먹는 사람들, 굶는 사람들, 너무 많이 자는 사람들, 너무 적게 자는 사람들은 요기가 될 수 없다. 무지, 변덕, 질투, 게으름, 과도한 애착은 요가 수행에서 성공하는 데 있어 거대한 적들이다. 세 가지 위대한 필수 요건은 다음과 같다;

첫째는 육체적, 정신적 순수성이다. 모든 부정한 것 즉 마음을 아래로 끌어내릴 모든 것을 버려야만 한다.

둘째는 인내심이다. 처음에는 놀랄만한 징후들이 있게 될 것이지만, 그 징후들은 모두 멈추게 될 것이다. 이때가 가장 힘든 시기이지만, 굳게 지켜나가라. 인내심을 가지고 있다면, 결국에는 반드시 성공할 것이다.

셋째는 불굴의 의지이다. 좋을 때나 나쁠 때나, 건강할 때나 병이 있을 때나 굴하지 말고 꾸준히하라, 절대 수행을 하루도 거르지 마라. (CW 8. 38)

50

침묵 속에서 힘을 축적하여,
영성의 발전기가 되어라.

Meditate in Silence

침묵 속에서 명상하라

자신의 바깥에서 신을 발견하는 것은 불가능하다. 우리의
영혼은 자신의 바깥에 있는 모든 신성에 공헌한다. 우리는 가
장 위대한 사원이다. 대상화된 것은 단지 자신의 내면에서 볼
수 있는 것의 어렴풋한 모조품일 뿐이다.

마음의 힘들을 집중하는 것은 우리가 신을 볼 수 있게 도와
주는 유일한 도구이다. (당신 자신이 가진) 하나의 영혼을 안다면,
당신은 과거와 현재 그리고 미래의 모든 영혼을 안다. 집중된
마음은 우리에게 영혼의 구석구석을 보여주는 램프이다.

진실은 편파적일 수 없다. 왜냐하면 그것은 모두를 위한 것
이기 때문이다. 마지막으로, 완전한 휴식과 평화 속에서 진실

에 대해 명상하라, 마음을 진실에 집중하라, 자신을 진실과 하나되게 하라. 그러면 말이 필요 없다. 침묵이 진실을 전할 것이다. 말하는 데 에너지를 소비하지 말고, 침묵 속에서 명상하라. 그리고 외부 세계의 분주함으로 자신이 방해받지 않게 하라. 마음이 최상의 상태일 때, 당신은 그 마음에 대해 의식하지 못한다. 침묵 속에서 힘을 축적하여, 영성의 발전기가 되어라. (CW 7. 59-61)

Meditation According to Vedanta

베단타의 명상

51

인류의 모든 희망, 염원, 행복이
그 신이라는 말을 중심으로
이루어졌기 때문이다.

Why God?

왜 신(神)인가?

나는 "당신은 왜 신(神)이라는 그렇게 오래된 말을 사용하나
요?"라는 질문을 수없이 많이 받아왔다. 내가 그 말을 사용하
는 이유는, 그것이 우리의 목적을 위한 최선의 단어이기 때문
이다. 당신은 그것보다 더 나은 말을 발견할 수 없다. 왜냐하
면 인류의 모든 희망, 염원, 행복이 그 신이라는 말을 중심으
로 이루어졌기 때문이다. 지금 그 말을 바꾸는 것은 불가능하
다. 이와 같은 말들은 그것들의 중요성을 깨닫고, 그것들의 의
미를 이해한 위대한 성자들에 의해 처음 만들어졌기 때문이
다. 그러나 그 말들이 사회에서 통용되게 되었을 때, 무지한
사람들이 그것들을 받아들였고, 그 결과 그것들은 자체의 정

신과 영광을 잃어버렸다. 신이라는 말은 태곳적부터 사용되어 왔고, 이 우주적 지성과 위대하고 신성한 모든 것에 대한 관념은 이 신과 연관되어 있다.

당신은, 어떤 멍청이가 그 말은 옳지 않다고 말하기 때문에, 우리가 그것을 갖다버려야 한다고 말하려 하는가? 다른 사람이 와서 "내 말을 받아들여"라고 말하고, 다시 또 다른 사람이 "내 말을 받아들여."라고 말한다. 그래서 어리석은 말들이 끝이 없게 될 것이다. 오래된 말을 사용하라, 참된 정신으로 오직 그 말을 사용하라, 그 말에서 미신을 제거하라, 이 위대한 고대의 말이 의미하는 바를 완전히 깨달아라. (CW 2. 210)

52

신은 무한자이고, 비인격적 존재이므로,
영원히 존재하고 불변하고
불사하며 두려움이 없다.

The Vedantic Conception of God

신에 대한 베단타(Vedānta)적 관념

무엇이 베단타의 신인가? 그는 원리이지 인격이 아니다. 당신과 나 모두는 인격신이다. 우주의 절대신 즉 창조자, 유지자, 파괴자는 비인격적 원리이다. 당신과 나, 고양이, 쥐, 악마, 영혼 이 모두는 신의 인격들이다. 따라서 모두는 인격신이다. 인격신들을 숭배하길 원하는가? 그것은 당신 자신에 대한 숭배이다. 나의 조언을 받아들인다면, 당신은 결코 어떤 교회에도 들어가지 않을 것이다. 나와라 그리고 가서 씻어내라. 대대로 당신에게 들러붙어 온 모든 미신을 제거할 때까지 거듭해서 당신 자신을 씻어라.

나는 "왜 당신은 그렇게 많이 웃고, 그렇게 많이 농담을 하

나요?"라는 질문을 수없이 받아왔다. 이따금 나는 진지하게
된다, 가령 내가 위통이 있을 때! 주(主)께서는 온통 더없는 기
쁨뿐이시다. 그분께서는 존재하는 모든 것의 배후에 있는 실
재이시고, 선량함이시며, 모든 것에 있는 진실이시다. 당신은
그분의 화신이다. 그것은 영광스러운 일이다. 그분에게 더 가
까이 갈수록, 당신은 울고불고할 일이 덜 일어날 것이다. 우리
가 그분에게서 멀어질수록, 더욱더 침울한 얼굴이 될 것이다.
우리가 그분에 대해 더 많이 알수록, 고통은 더 많이 사라질
것이다.

신은 무한자이고, 비인격적 존재이므로, 영원히 존재하고
불변하고 불사하며 두려움이 없다. 그리고 당신들 모두는 그
분의 화신들이고, 그분의 체현들이다. 이것이 베단타의 신이
고, 모든 곳이 그분의 천국이다. (CW 8. 133—34)

53

일과 의무, 헌신과 사랑, 마음의 통제,
그리고 지식을 통해
우리는 신성에 대해 깨닫는다.

The Goal and Methods of Realization

깨달음의 목표와 방법들

모든 과학이 자신들만의 방법론들을 가지고 있는 것처럼, 그렇게 모든 종교도 그러한 방법론들을 가지고 있다. 우리 종교에서 목표를 달성하는 방법들은 요가라고 불리고, 우리가 가르치는 여러 가지 형태의 요가는 사람의 상이한 본성들과 기질들에 적용되었다. 우리는 그것들을 네 개의 제목하에 다음과 같이 분류한다.

(1) 카르마 요가(Karma Yoga) - 사람이 일과 의무를 통해 자신이 가진 신성을 깨닫는 방식.

(2) 박티 요가(Bhakti Yoga) - 인격신에 대한 헌신과 사랑을 통한 신성에 대한 깨달음.

(3) 라자 요가(Raja Yoga) - 마음의 통제를 통한 신성에 대한 깨달음.

(4) 갸냐 요가(Jnāna Yoga) - 지식을 통해 자신이 가진 신성을 깨달음.

이 모두는 동일한 중심 즉 신으로 이끄는 여러 길이다. (CW 5. 292)

54

가능한 한 말을 적게 하라.
선(善)에 대해 지속적으로 생각하라.

Pray for Illumination

깨달음을 위한 기도

깨달음을 위한 기도.

"저는 이 우주를 창조한 존재의 영광에 대해 명상합니다;
그분이 저의 마음을 밝게 비추기를." 앉아서 이것에 대해 10
분이나 15분 명상하라.

당신의 경험을 구루를 제외한 누구에게도 말하지 마라. 가
능한 한 말을 적게 하라.

선(善)에 대해 지속적으로 생각하라; 우리는 자신이 생각하
는 것이 되는 경향이 있다. 신성한 명상은 정신의 모든 오염을
다 태워버리는 데 도움을 준다. (CW 8. 39)

55

그 밖의 다른 어떤 것보다 우리를
진실에 더 가까이 데려가는 것이 명상이다.

De-hypnotization

최면에서 벗어남

모든 종교는 명상을 강조해 왔다. 명상 상태의 마음은 요기
들에 의해 마음이 존재하는 최상의 상태라고 공표되어 왔다.

외부 대상을 학습하고 있을 때, 마음은 그 대상과 동일시하
고 자신을 잃어버린다. 옛날 인도 철학자의 직유를 사용해 보
현해 보면 다음과 같다. 인간의 영혼은 한 조각의 크리스털 같
지만, 그 영혼은 자신 가까이에 있는 것이 무엇이든 그것의 색
상을 취한다. 그 영혼이 무엇을 건드리든 … 그것은 그 대상의
색상을 취해야 한다. 그것이 어려움이다. 그것은 속박을 만들
어 낸다. 색상은 매우 강하고, 크리스털은 자신을 잊어버리고
서 그 색상과 자신을 동일시한다. 붉은색 꽃이 크리스털 가까

이 있고, 그 크리스털은 붉은색을 취하고서 자신을 잊어버리고 자신이 붉은색이라고 생각한다고 가정해보라. 우리는 육체라는 색상을 취해왔고, 자신이 누군지를 잊어버려 왔다. 잇따라 일어나는 모든 어려움은 시체 한 구로부터 발생한다. 우리의 모든 두려움, 걱정, 불안, 골칫거리, 오해, 나약, 악(惡)은 하나의 거대한 실수에서 온다. 다시 말해 그 모든 것은 우리가 자신을 육체와 동일시하는 데서 발생한다.

명상 수행을 계속 해 나간다. 크리스털은 그것이 무엇인지 안다, 그 자신의 색상을 취한다. 그 밖의 다른 어떤 것보다 우리를 진실에 더 가까이 데려가는 것이 명상이다. (CW 4. 227)

56

지금, 여기서 시작하라.
왜 천국을 기다리는가?
여기서 천국을 만들어라.

Here and Now

지금, 여기서

하프(harp)를 가지고서 서서히 쉬기를 기다리지 마라. 왜 하프를 가지고서 여기서 시작하지 않는가? 왜 천국을 기다리는가? 여기서 천국을 만들어라.

또한 우리가 신을 보지 못하는 한, 모세(Moses)가 하나님을 보았다는 것을 어떻게 이해할 수 있겠는가? 만약 이제까지 신이 누군가에게 왔다면, 그 신은 내게 올 것이다. 내가 신에게 직접 갈 것이다. 신이 내게 말하게 하라. 나는 믿음을 근거로 삼을 수 없다. 그것은 무신론이고 신성모독이다. 만일 하나님이 이천 년 전에 아라비아의 사막에서 한 남자에게 말했다면, 그 신은 또한 오늘 내게 말할 수도 있다, 그렇지 않다면 그 신이 여태 죽지 않았는지 내가 어떻게 알 수 있겠는가? 그러므로 무슨 수를 써서라도 신에게 가라. 오직 가기만 하라. 그러나 가면서 누구도 밀쳐 넘어뜨리지 마라. (CW 7. 93, 97)

57

신만이 진리이다.
그밖에 모든 것은 거짓이다. 홀로 살아라,
아니면 신성한 사람들과 함께 살아라.

An Indian Lullaby(자장가)

인도의 자장가

옛날 인도에 한 여왕이 있었다. 그녀는 자신의 자녀 모두가 이 생에서 자유를 획득하기를 너무도 갈망해서, 자녀들을 정성을 다해 보살폈다. 그래서 자녀들을 흔들어 재울 때 그녀는 언제나 그들에게 "그것이 너다, 그것이 너다(Tat tvam asi, Tat tvam asi)"라고 노래를 불렀다.

그들 중 셋은 산니야신(Sannyāsin; 포기자)이 되었지만, 넷째는 왕이 되기 위해 데려가져서 다른 곳에서 양육되었다. 그가 집을 떠날 때, 그의 어머니는 그에게 성인이 되었을 때 읽으라고 종이 한 장을 주었다. 그 종이에는 "신만이 진리이다. 그밖에 모든 것은 거짓이다. 영혼은 결코 살해하거나 살해되지 않는다. 홀로 살아라, 아니면 신성한 사람들과 함께 살아라."라고 적혀 있었다. 젊은 왕자는 이것을 읽자마자, 곧바로 세상을 포기하고 이 되었다. (CW 7. 89-90)

58

두 마리의 새가 있었던 적은 없었고,
그것은 언제나 하나였다.

A Tale of Two Birds

두 마리 새의 우화

베단타 철학 전체가 다음의 이야기에 들어있다.

황금색 깃털을 가진 두 마리의 새가 같은 나무에 앉아 있었다. 위에 있는 새는 고요하고 위엄 있으며 자신의 영광에 몰두해 있다. 아래 있는 새는 가만히 있지 못하고 어떨 때는 달고 또 어떨 때로는 쓴, 나무의 열매들을 먹고 있다. 언젠가 그 새는 유난히 쓴 열매를 먹었고, 그때 잠시 멈추고서 위에 있는 위엄 있는 새를 쳐다보았다. 그러나 곧바로 위에 있는 새에 대해 잊어버리고서 전처럼 계속해서 나무의 열매들을 먹었다. 다시 그 새는 쓴 열매를 먹었고, 이번에는 꼭대기에 있는 새에 더 가까운 몇 개의 큰 가지로 깡충깡충 뛰어올랐다. 마침내 아래에 있는 새가 위에 있는 새의 자리에 도달하여서 자신을 잃어버릴 때까지 이런 일이 여러 차례 발생했다.

거기에 두 마리의 새가 있었던 적은 한번도 없었고, 단지 아래에 있던 그 새 자신이 언제나 고요하고 위엄 있으며 자신의 영광에 몰두해 있는 위의 새였다는 사실을 갑자기 깨달았다.

(CW 7. 80)

59

수련 없이 힘은 발현될 수 없다.
거울 없이 우리는 자신을 볼 수 없듯이.

Be Grateful!

감사하라!

당신을 모욕하는 사람에게 감사하라.

왜냐하면 그는 당신에게 모욕이 무엇인지 보여주는 거울을 주고, 또한 자기 억제를 수련할 기회도 준다. 그러므로 그를 축복하고 기뻐하라. 수련 없이 힘은 발현될 수 없다. 거울 없이 우리는 자신을 볼 수 없다.

천사들은 절대 사악한 짓들을 하지 않는다.

마찬가지로 그들은 결코 벌을 내리거나 구해주지도 않는다. 정신적인 타격들은 우리를 깨우는 것이고, 꿈을 깨뜨리는 데 도움을 준다. 그것들은 우리에게 이 세상의 부족한 점들을

보여주고, 우리가 벗어나기를 갈망하게, 즉 자유롭게 되기를

간절히 바라게 만든다 … (CW 7. 69, 79)

60

때로는 격렬하게 춤을 추어야 하고,
때로는 외부로 향한 감각들에
전혀 신경 쓰지 않는 상태를 유지해야 해.

From Solitude to Society

홀로 명상함에서 세상 사람들에게로

스와미지: 상카라(Shankara)는 언덕들과 숲들에 이 아드바이타 (Advaita; 불이론(不二論)) 철학을 남겼는데, 나는 이 장소들에서 그 철학을 꺼내서 무미건조한 세상과 사회 앞에 뿌리려 왔단다. 아드바이타의 사자후는 각 가정에, 초원들과 수풀들에, 언덕들과 평원들 너머에 울려 퍼져야만 해. 너희 모두나를 도우러 와서 열심히 일하렴.

제자: 스승님, 그 철학을 행위로 드러내기보다는 오히려 명상을 통해 그 상태를 깨닫는 편이 마음에 듭니다.

스와미지: 그것은 단지 취했을 때의 마취 상태일 뿐이야. 오직 그와 같이 유지될 뿐인 것을 무엇에 쓰게 될까? 아드바이타

의 깨달음에 대한 열망을 통해서 너는 때로는 격렬하게 춤을 추어야 하고, 때로는 외부로 향한 감각들에 전혀 신경 쓰지 않는 상태를 유지해야 해. 사람이 혼자 좋은 일을 맛보는 것에서 행복을 느낄까? 사람은 그것을 다른 사람들과 나누어야 해. 설령 네가 아드바이타의 깨달음으로 개인적인 해방을 얻었다 할지라도, 그것이 세상에 무슨 소용이 있을까? 이 육체를 떠나기 전에 너는 우주 전체를 해방시켜야만 한단다. 그래야만 비로소 너는 영원한 진리에 자리 잡게 될 거야. 그것에 필적할 만한 지복이 있겠니, 내 아들아? (CW 7. 162-63)

61

너는 마음을 넘어서 가야 해.
실상은 의식의 층을 넘어선 상태가 있단다.

Who can Know the Knower?

누가 아는 자를 알 수 있는가?

제자: 제가 만일 브라만(Brahman)이라면, 왜 저는 항상 그것을
깨닫지 못하나요?

스와미지: 의식의 층에서 그 깨달음을 얻기 위해서는 약간의
수단이 필요하단다. 마음이 우리 안에 있는 수단이야. 그렇
지만 그 마음은 지성이 없는 물질이지. 그것은 배후에 있는
아트만의 빛을 통해서 지성적인 것처럼 보이게 될 뿐이란
다. 그렇기에 네가 마음을 통해서 아트만, 즉 지성의 정수
를 알게 될 수는 없을 거라는 사실은 분명하지. 너는 마음을
넘어서 가야 해. 실상은 의식의 층을 넘어선 상태가 있단다.
거기에는 아는 자, 앎, 앎의 도구 등의 이원성이 없어. 마음

이 융합될 때, 그 상태가 알아차려지게 돼. 내가 그 상태가 "알아차려지게" 된다고 말하는 이유는 그 상태를 표현할 수 있는 다른 말이 없기 때문이지. 말로는 그 상태를 표현할 수 없단다. (CW 7. 141–42)

62

마음의 이면에 영혼의 무한한 힘이 있고,
마음이 점점 더 순수하게 될 때,
영혼의 위엄이 자신을 드러내 보인다.

What is Beyond?

너머에 무엇이 있는가?

진화의 프로세스들, 즉 상위의 더 상위의 조합들은 영혼에 있지 않다. 영혼은 이미 원래 최상의 상태이다. 진화의 프로세스들은 자연에 있다. 그러나 자연이 앞으로 전개되어 나가서 점점 더 상위의 조합들이 되고 있을 때, 영혼의 위엄은 점점 더 많이 자신을 드러내 보인다.

여기에 스크린이 있고, 스크린 뒤에 아름다운 풍경이 있다고 가정해 보라. 스크린에 작은 하나의 구멍이 있고, 우리는 그 구멍을 통해서 이면에 있는 풍경을 아주 조금만 볼 수 있다. 그 구멍의 크기가 커지게 된다고 가정해 보라. 그 구멍의 크기가 커질수록, 이면의 풍경이 시야 안으로 점점 더 많이 들어온다. 그리고 스크린 전체가 사라졌을 때, 그 풍경과 당신 사이에 아무것도 없다. 이제 당신은 그 풍경 전체를 본다. 스크린은 인간의 마음이다. 마음의 이면에 영혼의 위엄, 순수함, 무한한 힘이 있고, 마음이 점점 더 깨끗하게, 점점 더 순수하게 될 때, 영혼의 위엄이 자신을 드러내 보인다. 영혼은 변하지 않고, 변화는 스크린에 있다. 영혼은 불변하는 유일자이고 불멸자이고 순수자이며 영원히 축복받은 유일자이다. (CW 6.24)

63

나는 보는 자야!
나는 참영혼(Spirit)이야!
외부의 어떤 것도 나를 건드릴 순 없어.

Be the Witness!

보는 자가 되라!

폭군의 손이 당신의 목을 잡을 때, "나는 보는 자야! 나는 보는 자야!"라고 말하라, "나는 참영혼(Spirit)이야! 외부의 어떤 것도 나를 건드릴 순 없어."라고 말하라.

악한 생각이 떠오를 때, "나는 참영혼이야! 나는 보는 자, 영원히 축복받은 자(the Ever-Blessed)야! 나는 행위할 이유가 없어, 고통받을 이유가 없어, 나는 모든 것을 끝냈어, 나는 보는 자야. 나는 나의 미술관에 있어. 이 우주는 내 미술관이야, 나는 연속하는 이 그림들을 보고 있어. 그것들은 모두 아름다워. 그것들이 선하든, 악하든. 나는 경이로운 솜씨를 보지만, 그것은 모두 하나야. 위대한 화가의 무한한 불꽃이야!"라는 말을 반복하라, 다시 말해 그 악한 생각의 꼭대기를 그 큰 해머로 쳐라. (CW 5. 254).

64

나는 내가 신을 원하지 않고,
빵을 더 원한다는 것을 수없이 발견한다.
그들은 우주에 있는 유일한 참실재를 알지 못한다.

Do We Want God?

우리는 신을 원하는가?

매일 우리 자신에게 물어보자, "우리는 신을 원하는가?" 종교를 말하기 시작할 때, 그리고 특히 고위직을 얻어서 다른 사람들을 가르치기 시작할 때, 우리는 앞서와 같은 질문을 자신에게 해야만 한다. 나는 내가 신을 원하지 않고, 빵을 더 원한다는 것을 수없이 발견한다. 빵 한 조각 먹지 못한다면, 나는 미쳐버릴 것이다. 다이아몬드 핀을 갖지 못한다면 많은 여성이 미쳐버리게 될 것이다. 그렇지만 그들은 신에 대해서는 그와 같은 열망을 가지지 않는다. 그들은 우주에 있는 유일한 참실재를 알지 못한다.

인도에는 다음과 같은 금언이 있다. 내가 사냥꾼이라면 코

뿔소를 사냥할 것이다. 그리고 내가 도둑이 되고자 한다면, 왕의 보물 창고를 털 것이다. 거지를 약탈하거나 개미를 사냥하는 것이 무슨 소용이 있겠는가? 그러므로 우리가 사랑하기를 원한다면, 신을 사랑하자. (CW 4. 20)

65

몸, 마음, 삶, 죽음, 모든 것의 노예이다!
이 노예 상태를 깨부수어야 한다.
"나는 브라만이다"를 언제나 생각하라.

The Soul and its Bondage

참영혼과 그것의 속박

우리는 우주의 무한한 참존재이면서도, 한 사람의 달콤한 말이나 또 다른 한 사람의 화난 말 따위에 좌우되는 남자와 여자라는 이 작은 존재들 속으로 물질화되어서 들어오게 되었다. 얼마나 끔찍한 의존 상태인가, 얼마나 끔찍한 노예 상태인가! 만일 당신이 내 몸을 꼬집는다면, 나는 고통을 느낄 것이다. 만일 어떤 사람이 친절한 말을 한다면, 나는 기분 좋기 시작할 것이다.

나의 상태를 보라 — 몸의 노예, 마음의 노예, 세상의 노예, 좋은 말의 노예, 나쁜 말의 노예, 열정의 노예, 행복의 노예, 삶의 노예, 죽음의 노예, 모든 것의 노예이다! 이 노예 상태를 깨부수어야 한다. "나는 브라만이다"를 언제나 생각하라.

그렇다면, 무엇이 갸니(jñāni; 지혜의 길을 따르는 사람)의 명상인가? 그는 몸이나 마음에 대한 모든 관념을 초월하길 원하고, 자신이 몸이라는 관념을 물리친다. 왜 몸을 멋지게 만드는가? 다시 한 번 환영을 즐기기 위해서? 노예 상태를 지속하기 위해서? 내버려 두라, 나는 몸이 아니다. 이것이 갸니의 길이다. 박타(bhakta)는 "주(主)께서 내게 삶의 대양을 아주 안전하게 건널 수 있는 이 몸을 주셨기에, 나는 그 여행이 끝날 때까지 이 몸을 매우 귀중하게 여겨야만 한다."고 말한다. 요기는 "나는 몸을 소중히 해야만 한다. 그래서 나는 끊임없이 나아가 마침내 해탈을 얻게 될 것이다."라고 말한다. (CW 3. 25, 27-28)

66

그것은 모두 연극이다.
전능한 신이 연기를 한다. 그게 전부이다.
당신은 연기하는 전능한 신이다.

It is all in Fun

그건 모두 유희이다

그것은 모두 연극이다. 연극! 전능한 신이 연기를 한다. 그게 전부이다. 당신은 연기하는 전능한 신이다. 만약 당신이 옆에서 연극이 하고 싶고 거지 역할을 하길 원한다면, 그 결정에 대해 다른 누구도 비난해서는 안 된다. 당신은 거지인 것을 즐긴다. 당신은 자신의 진짜 본성이 신성하다는 것을 안다. 당신은 왕인데 거지를 연기한다. 그것은 모두 유희이다. 그걸 알고 연기하라. 그게 전부이다. 그렇다면 그것을 연습하라. 전체 우주는 거대한 연극이다. 모든 것이 유희이므로, 모든 것이 좋다.

내가 어린 아이였을 때, 누군가 내게 신은 모든 것을 보고

계신다고 말했다. 나는 침대로 가서 위를 쳐다보며 방의 천장이 열리기를 기대했다. 아무일도 일어나지 않았다. 우리 자신 외에 우리를 보고 있는 사람은 아무도 없다. 우리 자신이 없으면 주(主)는 없다.

비참해하지 마라! 후회하지 마라! 이미 지난 일이다. 자신을 불태운다면, 그 결과들을 책임져야 한다.

분별력을 가져라. 우리는 실수한다. 그게 뭔가? 그것은 모두 유희이다. 사람들은 자신들의 과거의 죄에 아주 심하게 정신을 빼앗겨서 신음하고 눈물 흘리는 등의 일을 한다. 후회하지 마라! 일을 하고 난 후에, 그 일에 대해 생각하지 마라. 나아가라! 멈추지 마라! 돌아보지 마라! 되돌아보는 것으로 당신이 얻는 것은 무엇인가?

자신이 자유롭다고 아는 사람은 자유롭다. 마찬가지로 자신이 속박되어 있다고 아는 사람은 속박된다. 무엇이 삶의 끝이고 목표인가? 끝도 목표도 없다. 왜냐하면 나는 내가 무한 자임을 알기 때문이다. 만일 당신이 거지라면, 목표를 가질 수 있다. 나는 목표도, 결핍도, 의도도 없다. 나는 당신의 나라로 왔고 강의한다, 그저 유희를 위해서. (CW 2. 470-71)

67

이 삶에서 모든 것은 두려움 투성이다.
오직 세속에 대한 포기만이 두려움을 모른다.

A Psalm of Life

삶의 찬가

즐거움에는 질병에 대한 두려움이 있고,

높은 계급(카스트)으로 태어남에는 그 계급을 상실하는 것에

대한 두려움이 있고,

부유함에는 폭군들에 대한 두려움이 있고,

명예에는 그 명예를 잃어버리는 것에 대한 두려움이 있고,

힘에는 적에 대한 두려움이 있고,

아름다움에는 나이듦에 대한 두려움이 있고,

지식에는 이해하지 못함에 대한 두려움이 있고,

고결함에는 추문에 대한 두려움이 있고,

몸에는 죽음에 대한 두려움이 있다.

이 삶에서 모든 것은 두려움 투성이다:

오직 [세속에 대한][4] 포기만이 두려움을 모른다.

(『'신을 찾아서'와 다른 시(詩)들』*In Search of God and other Poems*, P 81)

---

4) 옮긴이 삽입.

68

지난 일은 지난 일일 뿐이다.
당신의 특질을 증진시켜라.
당신의 진짜 본성을 불러내라

Let Bygones be Bygones

지난 일은 지난 일일 뿐이다

그러므로 만일 내가 당신에게 당신은 본성이 악하다, 당신이 어떤 잘못된 조치를 취했기 때문에 집에 가서 참회복을 입고 재를 바르고서 울며 생활하라고 가르친다면, 그것은 당신에게 도움이 되지 않을 것이고, 오히려 당신을 약하게 만들 것이다. 그리고 나는 당신에게 선(善)으로 가기보다는 더 많은 악(惡)으로 가는 길을 보여주고 있을 것이다. 만일 이 방이 수천 년 동안 어둠으로 가득 차 있고, 당신이 들어와서 "오, 어둠이여"라며 울고불고 난리를 치기 시작한다고 어둠이 사라지게 될 것인가? 성냥을 켜라, 그러면 빛이 바로 생긴다. 당신이 평생 "오, 나는 악행을 저질러 왔다, 수많은 실수를 저질러 왔

160

다"라고 생각하는 것이 무슨 이득이 있겠는가? 우리에게 그
것을 말해주기 위한 유령은 필요 없다. 빛을 가져오라, 그러면
악은 곧 사라진다. 당신의 특질(character)을 증진시켜라. 그래서
당신의 진짜 본성, 즉 빛, 광휘, 영원한 순수함을 드러내라. 그
래서 당신이 보는 모든 사람 속에 있는 진짜 본성을 불러내
라. (CW 2. 357)

69

> 살아계신 신이 당신 안에 있다.
> 몸 안에 있는 신을 내가 깨달은 순간,
> 속박하는 모든 것은 사라지고 자유롭다.

The Living God is within You

살아계신 신이 당신 안에 있다

살아계신 신이 당신 안에 있음에도 불구하고, 당신은 교회와 사원을 짓고 있고 온갖 가상의 터무니없는 생각을 믿고 있다. 숭배해야 할 유일한 신은 인간의 몸 안에 있는 인간의 영혼이다. 물론 모든 동물 또한 마찬가지로 사원들이지만, 인간이 최고의 사원, 즉 사원들 중에서 타지 마할(Taj Mahal)이다. 만약 내가 거기서 숭배할 수 없다면, 다른 어떤 사원도 도움이 되지 못할 것이다.

모든 인간의 몸이라는 사원 안에 앉아 있는 신을 내가 깨달은 순간, 모든 사람 앞에 경배하는 마음으로 서서 그들 안에 있는 신을 본다. 그 순간 나는 속박으로부터 자유롭다, 다시

말해 속박하는 모든 것은 사라지고 나는 자유롭다. (CW 2. 321)

느낌 없이는 신에 이를 수 없다.
주가 보이는 것은 지적 능력이 아니다.
주는 당신의 것이다.

The Lord is Yours

주(主)는 당신의 것이다

당신은 다른 사람들에 대해 연민을 느끼는가? 만일 그렇다면, 당신은 일체감(oneness)이 증가하고 있는 중이다. 만일 다른 사람들에 대해 그렇게 느끼지 않는다면, 당신은 지금까지의 지적인 거인 중 최고일 수 있지만, 아무것도 아니게 될 것이다. 다시 말해, 당신은 단지 메마른 지식인일 뿐이고, 그렇게 남게 될 것이다. 그리고 만일 다른 사람들에 대해 연민을 느낀다면, 설령 어떤 책도 읽을 수 없고 어떤 언어도 알지 못한다 하더라도, 당신은 올바르다. 주는 당신의 것이다.

당신은 세계사에서 선지자들의 힘이 어디에 놓여있었는지 모르는가? 그 힘은 어디에 있었는가? 지식인에게 있었는가?

그들 중 어떤 이가 철학에 대한, 논리의 가장 난해한 추론에 대한 명저를 썼는가? 아무도 없다. 그들은 단지 몇 마디 말을 할 뿐이었다. 그리스도처럼 느껴라, 그러면 그리스도가 될 것이다. 마찬가지로 붓다처럼 느껴라, 그러면 붓다가 될 것이다. 생기, 힘, 활력은 느낌이고, 이러한 느낌 없이는 아무리 많은 지적 활동을 해도 신에 이를 수 없다. 주가 보이는 것은 심장을 통해서이지 지적 능력을 통해서가 아니다. (CW 2.306, 307)

71

자신이 운명의 창조자임을 알아라.
당신이 원하는 구원은 자신의 내부에 있다.
그러므로 자신의 미래를 스스로 만들어라.

No One to Blame

누구도 비난하지 마라

자신의 잘못에 대해 아무도 비난하지 말고, 자신의 두 발로 일어나서 스스로 모든 책임을 떠맡아라. "내가 시달리고 있는 이 고통은 나 자신이 한 일이고, 바로 내가 한 그 일은 나 자신 혼자의 힘으로 원상태로 되돌려야 할 것이라는 사실을 입증한다." 내가 만든 것을 나는 파괴할 수 있고, 다른 사람이 만든 것을 나는 결코 파괴할 수 없을 것이다. 그러므로 일어서라, 담대하라, 강력하라. 모든 책임을 자신의 어깨에 짊어져라, 자신이 자신의 운명의 창조자임을 알아라. 당신이 원하는 힘과 구원은 자신의 내부에 있다. 그러므로 자신의 미래를 스스로 만들어라. "죽은 과거는 죽은 채로 묻어두라."[5] 무한한 미래가 당신 앞에 있다. 언제나 각각의 말과 생각과 행동이 당신을 위해 축적되고, 나쁜 생각과 행동이 마치 호랑이처럼 당신에게 달려들 준비가 되어있는 것처럼, 그렇게 좋은 생각과 행동도 수십만 명의 천사의 힘으로 언제나, 영원히 당신을 보호할 준비가 되어있다. (CW 2. 225)

---

5) 이 구절은 헨리 워즈워스 롱펠로(Henry Wadsworth Longfellow)의 시 (詩) "인생 찬가(A Psalm of Life)" 중 일부이다.

72

선량하라.
그러면 악은 당신을 위해 사라질 것이다.
그리하여 온 우주가 바뀌게 될 것이다.

The World: Neither Good nor Bad

세상은, 선도 악도

만일 이 세상에 사는 남성과 여성 중 백만분의 일에 해당하는 사람들이 단지 앉아서 몇 분 동안 "당신들은 모두 신입니다, 오, 사람들이여, 오, 짐승들이여, 모든 생명체여, 당신들은 모두 한 분의 살아있는 신의 현현들입니다.!"라고 말한다면, 세상은 30분 안에 변화될 것이다. 엄청난 증오의 폭탄들을 구석구석으로 던지는 대신에, 질투와 악한 생각의 흐름들을 내뿜는 대신에, 모든 나라에서 사람들이 그 모두가 신이라는 생각을 할 것이다. 그분은 당신이 보고 느끼는 모든 것이다. 자신 안에 악이 있지 않고서야 어떻게 당신이 악을 볼 수 있겠는가? 당신의 심장 한 가운데에 도둑이 앉아 있지 않고서야 어떻게 당신이 도둑을 볼 수 있겠는가? 당신 자신이 살인자가 아니고서야 어떻게 살인자를 볼 수 있겠는가? 선량하라. 그러면 악은 당신을 위해 사라질 것이다. 그리하여 온 우주가 바뀌게 될 것이다.

여기에 다른 배울 것이 있다. 우리는 아마 외적 환경 전체를 정복할 수 없을 것이다. 작은 물고기는 바닷속에 있는 자신의 적들을 피해 날기를 원한다. 어떻게 그렇게 되는가? 날개를 발달시켜서 새가 됨으로서 그렇게 된다. 물고기는 바다나 공중을 바꾸지 못했다. 대신 스스로 변화되었다. 변화는 언제나 주체적이다. 진화 과정 내내 당신은 자연에 대한 정복이 주체의 변화에 의해 일어난다는 사실을 발견한다. 이것을 종교와 도덕에 적용시켜 보라. 그러면 당신은 악에 대한 정복이 오직 주체의 변화에 의해서 일어난다는 것을 알게 될 것이다. 이것이 아드바이타 체계가 인간의 주체적인 측면에 있는 그 힘 전체를 얻는 방법이다. 악과 고통에 대해 말하는 것은 난센스이다. 왜냐하면 그것들은 외부에 존재하지 않기 때문이다.

물리적, 도덕적 경향 양자와 일치하는, 심지어 현대의 연구자들보다 조금 더 나아가는, 유일한 종교는 아드바이타라고 나는 감히 말할 수 있을 것이다. 그것이 아드바이타가 현대의 과학자들에게 그렇게나 많은 관심을 끄는 이유이다. (CW 2. 287, 13738)

73

통제되지 않는 감각기관들을 가진 자
또는 잘 다루어지지 않는 마음(마나스)을
가진 자는 파멸로 간다.

Al Allegory

어떤 우화

참자아를 마차를 탄 사람으로, 이 몸을 마차로, 지성을 마부로, 하위의 마음(마나스(Manas); 상위의 직관적인 마음인 붓디(Buddhi)에 상반되는 마음)을 고삐들로, 감각기관들을 말들이라고 상상하라. 잘 길들여진 말을 가진, 튼튼한 고삐를 가진, 마부(지성)의 손에 잘 쥐어진 고삐들을 가진 자는 목표, 즉 어느 곳에나 있는 자라는 자신의 상태에 도달한다. 그러나 통제되지 않는 말(감각기관)들을 가진 자 또는 잘 다루어지지 않는 고삐들(마나스)을 가진 자는 파멸로 간다. (CW 2. 169)

사람은 숨겨진 참자기를 가지고 있고,
성자들은 자신의 내면을 관찰하는 힘을
통해서 그 일자를 깨달았다

Morality and Religion

도덕성과 종교

종교는 우리 자신의 영혼에서 실제적인 그 깨달음이 시작
될 때 발생한다. 그것이 종교의 여명일 것이다; 그리고 그때에
만 우리가 도덕적일 것이다. 지금 우리는 동물들보다 훨씬 더
도덕적이지 않다. 사회의 채찍이 우리를 억제할 뿐이다. 만일
사회가 오늘 "나는 당신이 도둑질을 하더라도 당신을 벌하지
않을 겁니다."라고 말한다면, 우리는 그저 서로의 재산을 향
해 달려갈 것이다. 우리를 도덕적이게 만드는 것은 경찰이다.
우리를 도덕적이게 만드는 것은 사회 여론이고, 실제로 우리
는 동물들보다 아주 조금 낫다. 우리는 자신의 숨겨진 마음속
에 이것이 얼마나 많은지 알고 있다. 그러므로 우리가 위선자

가 되지 않도록 하자.

'종교를 깨달아라, 말은 쓸모가 없다', 이것이 베단타의 슬로건이다. 그러나 이것을 실행하는 것은 엄청나게 어렵다. 사람은 원자 안에 숨겨진 참자기를 가지고 있고, 이 고대의 일자(一者)는 모든 사람의 마음의 가장 안쪽 깊은 곳에 거주한다. 성자들은 자신의 내면을 관찰하는 힘을 통해서 그 일자를 깨달았다 …(CW 2. 164—65)

75

모든 곳, 모든 것에서 신을 보라.
미미한 타락들에 대해 신경 쓰지 마라.
만일 천 번 실패하면, 한 번 더 시도하라.

See God in Everything

모든 것에서 신을 보라

어릴 때부터 나는 모든 곳에서, 모든 것에서 신을 본다고 들어왔다. 그때 나는 진정으로 세상을 즐길 수 있었지만, 내가 세상과 섞여서 세상으로부터 몇 대 맞자마자 그 생각은 사라졌다. 신이 모든 이에게 있다고 생각하면서 내가 길을 걷고 있고, 힘센 사람이 나타나 나를 밀쳐서 나는 보행자 도로에 자빠진다. 그리고 나는 주먹을 꽉 쥔 채 벌떡 일어나고, 피가 꺼꾸로 솟고, 성찰은 사라진다. 나는 즉시 격노하게 된다. 모든 것은 잊힌다. 신을 만나는 대신 나는 악마를 본다. 우리가 태어난 이래로 줄곧 모든 것에서 신을 본다고 들어왔다. 모든 종교는 그것, 즉 모든 곳, 모든 것에서 신을 보라, 라는 생각에 도달한다.

실패를 걱정하지 마라. 왜냐하면 실패는 매우 자연스러운 것이고, 실패는 삶의 아름다움이다. 이것이 실패이다. 실패가 없다면 삶은 무엇이겠는가? 투쟁이 없다면 가질 가치가 없을 것이다. 삶에 대한 시(詩)가 어디에 있겠는가? 투쟁과 실수에 대해 괘념치 마라. 나는 소가 거짓말을 한다는 말을 전혀 들어본 적이 없지만, 소는 소일 뿐 결코 사람이 아니다.

따라서 이 실패들, 이 미미한 타락들에 대해 신경 쓰지 마라. 천 번 그러한 이상(理想)을 품고, 만일 천 번 실패하면, 한 번 더 시도하라. 인간의 이상은 모든 것에서 신을 보는 것이다. (CW 2. 151–52)

76

지고의 목표를 향해 명상하라.
양극단을 따르지 마라.
그 둘은 길을 잃고, 목표를 놓친다.

Towards the Goal Supreme
지고의 목표를 향해

만일 어떤 사람이 진실을 알지 못한 채 세상의 하찮은 사치품들로 곤두박질친다면, 그는 자신의 딛고 선 자리를 놓치고 목표에 도달할 수 없다. 그리고 만일 어떤 사람이 세상을 저주하고 숲으로 들어가서 성욕을 억제하고, 스스로 굶어서 천천히 자살하면서 자신의 마음을 불모지로 만들어 모든 감정을 완전히 죽여버려서 냉혹하고 인정사정없으며 메마르게 된다면, 그 사람 또한 길을 놓친다. 이것들은 양극단, 다시 말해 양쪽 끝에 있는 두 가지 착각이다. 그 둘은 길을 잃고, 목표를 놓친다.

불행하게도 이 삶에서 대부분의 사람은 어떠한 이상도 전혀 없이 이 어두운 삶을 더듬으며 나아가고 있다. 이상을 가진 사람이 천 번의 실수를 한다면, 이상이 없는 사람은 오만 번의 실수를 한다고 나는 확신한다. 그러므로 이상을 갖는 것이 더 낫다. 그리고 우리는 가능한 한 많이 이 이상에 대해 들어야 한다, 그 이상이 우리의 심장으로, 뇌로, 정맥으로 들어갈 때까지, 그 이상이 우리 혈액의 매 방울 속에서 들먹들먹하고, 우리 몸의 모든 구멍에 스며들 때까지. 우리는 그것에 대해 명상해야만 한다. "심장의 충만함에서 입이 말한다." 그리고 심장의 충만함에서 손도 역시 일한다. (CW 2. 150, 152)

77

모든 비참의 원인은 욕망이다.
모든 행위와 생각은 그 결과들을 가져온다.
모든 것은 주(主)의 것이다.

What Makes Us Miserable?

무엇이 우리를 비참하게 만드는가?

우리가 고통받고 있는 모든 비참의 원인은 욕망이다. 당신이 뭔가를 욕망하고, 그 욕망이 충족되지 않는다. 그 결과는 고통이다. 만약 욕망이 없다면, 고통도 없을 것이다. 그러나 이것 또한 내가 오해받을 위험이 있다. 그러므로 나는 욕망을 포기하고 모든 비참으로부터 자유롭게 된다는 것이 무엇을 의미하는지 설명할 필요가 있다. 벽들은 욕망이 없고, 결코 고통받지 않는다. 진실이다. 그러나 그것들은 결코 진화하지 못한다. 이 의자는 욕망이 없다. 그것은 결코 고통받지 않는다. 그러나 그것은 언제나 하나의 의자이다. 행복 속에 영광이 있고, 고통 속에 영광이 있다.

나는, 내가 착한 일을 하고 많은 나쁜 일을 한 것이 기쁘다. 다시 말해, 내가 옳은 일을 한 것을 기뻐하고, 많은 잘못된 일을 한 것을 기뻐한다. 왜냐하면 그것들 각각은 모두 커다란 교훈을 가지고 있기 때문이다. 지금의 나는 내가 한 모든 일, 내가 한 모든 생각의 결과물이다. 모든 행위와 생각은 그 자체의 결과들을 가져오고 있고, 이 결과들은 나의 진보의 총합이다.

해결책은 다음과 같다. 당신이 재산을 가져서는 안 된다는 것이 아니다, 필요한 물건 그리고 심지어 사치품을 가져서는 안 된다는 것이 아니다. 당신이 원하는 모든 것, 더 많은 것을 가지되, 오직 진실만을 알고 그 진실만을 깨달아라. 부는 누구의 것도 아니다. 소유권, 소유자에 대한 생각을 전혀 갖지 마라. 당신은 보잘것없는 사람이고 나도 마찬가지이며 그 외에 모든 사람 또한 그렇다. 모든 것은 주(主)의 것이다. (CW 2. 147-48)

78

모든 것에서 신을 보라.
온 세상은 주로 가득 차있다.
이것이 베단타가 가르치는 바이다.

Quintessence of Vedanta

베단타의 정수

여기서 나는 베단타가 가르치려는 바를 당신 앞에 내놓을 수 있을 뿐이고, 그것은 세상에 대한 신격화이다. 베단타는 실제로 세상을 비난하지 않는다. 포기(renunciation)[6]의 이상은 어디에서도 베단타의 가르침들과 같은 그런 최고의 수준에 도달하지 못한다. 그러나 동시에 노골적으로 무분별한 충고를 의미하지는 않는다; 그것은 세상의 신격화-세상에 대해 우리

---

6) 힌두이즘(Hinduism)의 수행에서 토대가 되는 것으로, 일상적인 세속을 떠나서 숲이나 동굴과 같이 차단된 곳에서 금욕적인 삶을 추구하는 것이다. 원어로 티야가(Tyāga) 또는 산니야사(Samnyāsa)인데, 세속에 대한 포기라는 뜻이다.

가 생각하는 것과 같은, 아는 것과 같은, 우리에게 나타나는 것과 같은 세상을 포기하기-를 의미하고, 세상이 진짜 무엇인지를 아는 것을 의미한다. 세상을 신성시하라; 그것은 오직 신일 뿐이다. 우리는 가장 오래된 우파니샤드들 중 하나의 시작하는 말에서 "이 우주에 존재하는 것은 무엇이든지 주(主)로 가득 찬 것이다."라는 구절을 읽는다.

우리는 잘못된 종류의 낙관주의가 아니라, 악을 못 본 체하는 것이 아니라, 진정으로 모든 것에서 신을 봄으로써 모든 것을 주 그분으로 가득 채워야 한다. 그러므로 우리는 세상을 포기해야 한다. 세상이 포기될 때, 무엇이 남는가? 신이 남는다. 이것은 무엇을 의미하는가? 당신은 아내를 가질 수 있다. 이는 당신이 그녀를 버려야 한다는 것이 아니라, 그녀에게서 신을 보아야 한다는 것을 의미한다. 자신의 아이들을 포기해야 한다. 그것은 무엇을 의미하는가? 모든 나라에서 일부 인면수심인 사람이 그러는 것처럼 아이들을 문밖으로 쫓아내는 것인가? 분명히 아니다. 그것은 악마 같은 짓이다. 그것은 종교가 아니다. 그러나 아이들에게서 신을 보라. 그렇게 모든 것에서 신을 보라. 삶과 죽음에, 행복과 비참에, 주께서는 동등하게 계신다. 온 세상은 주로 가득 차있다. 눈을 떠서 그분을 보라. 이것이 베단타가 가르치는 바이다.

진실로 굉장한 주장이 아닌가! 그런데도 이것은 베단타가

입증하고 가르치고 설파하는 주제이다. (CW 2. 146-47)

79

우리는 우리의 관점으로 세상을 본다.
긍정적이고 강하며 유익한 생각이
그 자신들의 뇌에 입력되게 하라.

'Why Weepest Thou, My Friend?'

"왜 눈물을 흘리는가, 나의 친구여"

"왜 눈물을 흘리는가, 나의 친구여? 당신에게는 태어남도 죽음도 없다. 왜 눈물을 흘리는가? 당신에게는 질병도 비참도 없다. 당신은 무한한 하늘과 같기 때문에, 다양한 색상의 구름들이 그 하늘에 와서 잠시 놀다 사라진다. 그러나 하늘은 언제나 똑같은 파란색이다." 왜 우리는 사악함을 보는가? 나뭇등걸 하나가 있었고, 어둠 속에서 도둑이 그 길로 와서 그것을 보고는 "저건 경찰이야"라고 말했다. 연인을 기다리던 젊은 남자는 그 등걸을 보고는 그것이 자신의 연인이라고 생각했다. 유령 이야기를 들었던 한 아이는 그것을 유령으로 착각하고서 비명을 지르기 시작했다. 그러나 항상 그것은 한 나무의

등걸이었다. 우리는 우리의 관점으로 세상을 본다.

　세상의 사악함과 세상의 모든 죄에 대해 이야기하지 마라. 당신이 아직 사악함을 보는 데 매여 있다는 사실에 눈물을 흘려라. 그리고 만일 당신이 세상을 돕고자 한다면, 세상을 비난하지 마라. 더이상 세상을 약화시키지 마라. 죄가 무엇이고 비참이 무엇이며 이 모든 것이 무엇이란 말인가, 약화의 결과가 아니라면? 세상은 그러한 부정적인 가르침들에 의해서 매일 더욱 더 약화된다. 사람들은 어린 시절부터 자신들이 약하고 죄인이라고 배운다. 그들에게, 보이기에 가장 약한 아이들에게조차, 자신들이 모두 불멸의 영광스러운 아이들이라고 가르쳐라. 긍정적이고 강하며 유익한 생각이 바로 그 어린 시절부터 그 자신들의 뇌에 입력되게 하라. (CW 2. 86—87)

나의 아이야 물은 어디에 있니?
환상을 현상세계로……

The Snare of Māyā

마야의 덫

어느 날 나라다(Nārada)가 크리슈나(Krishna)께 "주여, 제게 마
야(환영(幻影), 상상의 존재)를 보여주세요."라고 말했다. 며칠이 지
나서 크리슈나께서 나라다에게 자신과 함께 사막으로 가는
여행을 하자고 요청했다. 같이 여행을 떠나서 몇 마일을 걸은
후에, 크리슈나께서 "나라다야, 목이 마르구나. 나를 위해 약
간의 물을 가져다 줄 수 있겠니?"라고 말했다. "바로 가서 물
을 가져오겠습니다."라고 말하고 나라다는 떠났다.

조금 떨어진 곳에 마을이 있었다. 그는 물을 찾으러 마을로
들어가서 문을 두드렸다. 아주 아름다운 젊은 소녀가 문을 열
었다. 그녀를 보자마자 즉시 그는, 아마도 목이 말라서 죽을

지경일, 자신의 스승이 물을 기다리고 있다는 사실을 잊었다. 그는 모든 걸 잊고서 그 소녀와 이야기하기 시작했다. 게다가 그날 하루 종일 그는 그 집에 있으면서 그녀와 이야기를 나눴다. 그 대화는 사랑으로 무르익었다. 그는 그녀의 아버지에게 딸을 달라고 했고, 그 둘은 결혼해서 거기에 살면서 아이들을 낳았다. 그리하여 12년이 흘렀다. 그의 장인은 죽었고, 그는 장인의 재산을 물려받았다. 그는 아내와 자식들과 논밭과 가축 등과 함께 매우 행복한 삶을 살고 있다고 생각했다.

그때 홍수가 일어났다. 어느 날 밤에 강물이 둑들을 넘쳐서 흐를 때까지 불었고, 마을 전체가 물에 잠겼다. 집들이 무너졌고 사람들과 동물들이 떠내려갔고 익사했다. 모든 것이 쇄도하는 강물의 흐름 속에 떠다니고 있었다. 나라다는 피신해야 했다. 한 손으로 아내를, 다른 손으로 아이들 중 둘을 잡았다. 또 다른 아이는 어깨에 태웠다. 그리고 그는 이 엄청나게 큰물을 걸어서 건너려 하고 있었다. 몇 걸음 걸은 뒤에 그는 물살이 너무 세다는 것을 알았고, 어깨에 태운 아이가 떨어져서 물살에 휩쓸려 가버렸다. 절망의 비명이 나라다에게서 나왔다. 그 아이를 구하려 노력하는 중에 그는 다른 두 아이 중 한 명을 잡은 손을 놓쳤고, 남은 아이의 손도 놓쳤다. 급기야 온 힘을 다해 꽉 붙잡고 있던 아내도 물살로 인해 어쩔 수 없이 놓칠 수밖에 없었다. 그는 둑에 의지하게 되었고 지독한 비통함 속에서 눈물을 흘리며 울부짖었다.

그의 뒤에서 부드러운 목소리가 들렸다, "나의 아이야, 물은 어디에 있니? 너는 물 한 병을 가져오려고 갔고, 나는 너를 기다리고 있었어. 네가 가고 사실상 30분이 지났어." "30분요!"라고 나라다는 외쳤다. 그의 마음에서는 12년의 세월이 흘렀고, 이 모든 장면은 30분 사이에 일어났었다!

이것이 마야이다. (CW 2. 120-21)

81

삶은 삶에 영감을 준다.
우리에게 영향을 주는 것은 진짜사람
즉 그 사람의 인성이다.

Life Inspires Life

삶은 삶에 영감을 준다

한 사람이 온다. 그는 매우 학식이 있고 아름다운 언어를 구사하며 한 시간 가량 여러분에게 말하지만, 어떤 인상도 주지 못한다. 또 다른 사람이 와서 그다지 조리 있지 못하게, 아마도 문법적으로 맞지 않게, 몇 마디 말을 할 수도 있다. 그래도 그는 커다란 인상을 준다. 여러분들 중 많은 사람이 그것을 보아 왔다. 그러므로 항상 말만으로 인상을 만들 수는 없다는 사실은 명확하다. 말, 심지어 생각조차도 인상을 만드는 데 단지 ⅓의 영향만 줄 뿐이다. 사람이 ⅔의 영향을 준다. 그 ⅔는 여러분이 그 사람의 개인적 매력이라고 부르는 것이다. 그 매력이 여러분에게 가서 인상을 주는 것이다.

인류의 위대한 지도자들을 보면, 언제나 중요한 것은 그 사람의 인성이었다는 사실을 발견한다. 자, 이제 과거의 위대한 작가들과 사상가들 모두를 생각해 보라. 사실대로 말하자면, 얼마나 많은 생각이 그들의 생각이겠는가? 과거 인류의 지도자들이 우리에게 남겨 온 모든 저작을 생각해 보라. 그들의 책을 한 권씩 가져다가 평가해 보라. 지금까지 이 세상에서 생각되어 온, 새롭고 모방이 아닌 진짜 사유는 단지 한줌 밖에 되지 않는다. 그들이 우리에게 남겨 왔던 생각들을 그들의 책에서 읽어 보라. 그 작가들은 우리에게 거인으로 나타나지 않는다. 하지만 우리는 그들이 자신들의 시대에서는 위대한 거인들이었다는 사실을 안다. 무엇이 그들을 그렇게 만들었는가? 그들이 생각했던 사유만도 아니었고, 썼던 책만도 아니었으며, 했던 말만도 아니었다. 그것은 지금은 사라진 그 밖의 다른 무엇, 즉 그들의 인성이다. 내가 이미 말했듯이 사람의 인성이 ⅔이고, 지성과 말은 단지 ⅓이다. 우리에게 영향을 주는 것은 진짜 사람 즉 그 사람의 인성이다. (CW 2. 14—15)

82

일어서라,
담대하게 참진리를 믿으라,
담대하게 참진리를 실천하라!

Spiritual Boldness

영적인 담대함

1857년의 폭동[7]에 매우 위대한 영혼의 한 스와미(Swami)가 있었는데, 이슬람교 폭도 한 명이 그를 심하게 찔렀다. 힌두 폭도들이 그를 잡아 스와미에게 데려와서 그를 죽이려고 했다. 그러나 그 스와미는 고요하게 쳐다보며, "나의 형제여, 당신이 그분(He)입니다, 당신이 그분(He)입니다!"라고 말하고 숨을 거두었다.

일어서라, 남성들과 여성들이여, 이 정신으로, 담대하게 참진리를 믿으라, 담대하게 참진리를 실천하라! 세상은 수백 명

---

7) 세포이 항쟁.

의 담대한 남성과 여성을 요구한다. 용기 있게 참진리를 아는, 용기 있게 삶에서 참진리를 보여주는, 죽음 앞에서 떠는 것이 아니라 죽음을 반갑게 맞는, 어떤 사람을 자기 자신이 참정신 임을, 그래서 온 우주에서 아무것도 자신을 죽일 수 없음을 알게 만드는 그 담대함을 실천하라, 그러면 당신은 자유롭게 될 것이다. 그러면 당신은 자신의 진짜 참영혼을 알게 될 것이다. "이 아트만을 맨 처음에는 들어서 알 것이고, 그리고 나서 그 것에 대해 생각할 것이고, 그런 다음에 그것에 대해 명상할 것 이다." (CW 2. 85)

83

우리는 불가능한 욕망을 쫓아가고
추구하는 바를 얻지 못한 채 윤회한다.
그러한 것이 우리의 인생이다.

A Wisp of Straw

한 웅큼의 짚

인도의 일부 착유 공장에서는 오일시드(지방종자)를 갈기 위해서 빙글빙글 도는 거세한 소들을 사용한다. 그 소들의 목에는 멍에가 채워져 있다. 그 소들은 그 멍에에서부터 뻗어 나온 나무막대가 있고, 그 막대에 한 웅큼의 짚이 묶여있다. 그 소는 그와 같은 방식으로 눈이 가려져 있어서, 오직 앞쪽만 볼 수 있고, 따라서 그 짚을 먹으려고 목을 쭉 뻗어 길게 늘인다. 그렇게 하면서 그 소는 나무막대를 조금 더 멀리 밀어낸다. 그리고 그것은 동일한 결과를 낳는 시도를 또 하고, 다시 또 하는 등 반복한다. 그 소는 결코 그 짚을 붙잡지 못하지만, 그것을 먹을 수 있다는 희망 속에서 빙글빙글 돌고, 그렇게 하면서 기름을 생산해 낸다. 그와 같은 방식으로, 자연, 돈과 부, 아내와 자식의 노예로 태어난 당신과 나는 언제나 불가능한 희망에 불과한 한 움큼의 짚을 쫓아가고 있는 중이고, 우리가 추구하는 바를 얻지 못한 채 셀 수 없는 윤회를 거치고 있는 중이다.

그러한 것이 우리 모두의 인생 이야기이다. 다시 말해 그러한 것이 우리를 지배하는 자연의 가공할 힘이다. 자연은 반복해서 우리를 걷어차 버리지만, 여전히 우리는 열광적으로 흥분하며 그 자연을 추구한다. (CW 1. 408-09)

84

이 삶은 위대한 기회이다.
나는 주(主) 당신입니다.
그분은 모든 지복의 원천입니다.

Love Abideth Forever

사랑은 영원히 지속된다

밤낮으로 "당신은 저의 아버지입니다, 저의 어머니입니다,
저의 남편입니다, 저의 연인입니다, 저의 주(主)입니다, 저의
신입니다. 저는 오직 당신만을 원합니다, 오직 당신만을, 오직
당신만을. 당신은 내 안에, 나는 당신 안에, 나는 당신입니다."
라고 말하라. 부는 없어지고, 아름다움은 사라지며 인생은 나
는 듯이 빨리 흐르고, 권력은 날아가 버린다. 그러나 주는 영
원히 거주하고, 사랑은 영원히 지속된다.

신에게 달라붙어라! 몸에 무슨 일이 일어나든, 그 외의 것에
어떤 일이 일어나든 누가 상관하는가! 악의 공포들을 겪으며
나의 신이여, 라고 말하라. 죽음의 격심한 고통을 겪으며 나의

신이여, 나의 사랑이여! 라고 말하라. 태양 아래의 모든 악을 겪으며 나의 신이여, 나의 사랑이여! 라고 말하라.

　이 삶은 위대한 기회이다. 아니, 세속적인 즐거움을 추구한다고? 그분은 모든 지복의 원천인데도. 최고를 추구하라, 그 최고를 겨냥하라, 그러면 당신은 최고에 도달할 것이다. (CW 6. 262)

85

어리석은 자는 점성학 등에 귀착한다.
그러나 강한 자는 내 운명을 만들 것이다.
인간은 자신의 운명을 만드는 자이다.

Man, The Maker of His Destiny

인간, 자신의 운명을 만드는 자

모든 것을 잃고 스스로 약하다고 느낄 때, 약한 자들은 돈을 벌기 위해 온갖 종류의 기괴한 방법을 시도하고, 점성학 등에 귀착한다. "'이것은 운명이다'라고 말하는 자는 비겁한 자, 어리석은 자이다." 라고 산스크리트 금언에서는 말한다. 그러나 "일어나서 나는 내 운명을 만들 것이다."라고 말하는 사람은 강한 자이다.

왕에게 와서 "당신은 여섯 달 이내에 죽을 것입니다."라고 말했던 점성가에 대한 옛이야기가 있다. 왕은 정신을 잃을 정도로 두려웠고, 공포로 인해 그때 거기서 거의 죽을 뻔했다. 그러나 그의 신하는 슬기로운 사람이어서, 왕에게 이 점성가들은 바보들이라고 말했다. 왕은 자신의 신하를 믿지 않았다. 신하는 그 점성가를 다시 왕궁으로 초대하는 것 외에는 그들이 바보들이라는 것을 왕이 알게 할 다른 방법이 없었다. 거기서 신하는 점성가에게 그의 계산이 정확했는지 물었다. 점성가는 계산에 실수가 있었을 리 없지만, 그를 만족시키기 위해 전체 계산을 다시 한 다음, 계산이 완벽하게 옳았다고 말했다. 왕의 안색이 흙빛이 되었다. 신하는 그 점성가에게 "그러면 당신은 언제 죽게 될 것이라고 생각하는가?"라고 물었다. "12년 후입니다."라고 대답했다. 신하는 재빠르게 자신의 칼을 뽑아서 그 점성가의 목을 자르고서 왕에게 "왕이시여, 이 거짓말쟁이를 보았습니까? 그는 바로 지금 죽었습니다. (CW 8. 184-85)

86

두려움 없음. 절망하지 마라.
당신에게는 무한한 신성이 내재되어 있다.
희망, 내가 한 일은 내가 되돌릴 수 있다.

The Gospel of Fearlessness

두려움 없음이라는 복음

무엇이 신과 인간, 성자와 죄인 사이의 차이를 만드는가?
오직 무지만이. 가장 높은 인간과 당신의 발아래에서 기어 다
니는 가장 낮은 벌레 사이의 차이는 무엇인가? 무지. 그것이
모든 차이를 만든다. 작고 기어 다니는 그 벌레 안에는 무한한
힘이, 지식이, 순수성, 다시 말해 신 자신의 무한한 신성이 내
재되어 있다. 그것이 현현되지 않았지만, 현현되어야 할 것이
다. 이것이 영성이다. 즉 영혼의 과학이다.

강함은 선이고, 약함은 죄다. 만약 우파니샤드들에서 폭탄
처럼 나오는, 즉 무지 덩어리들에 대해 폭탄처럼 터져 나오는,
당신이 발견하는 하나의 단어가 있다면, 그것은 두려움 없음

이라는 단어이다. 그리고 배워야만 하는 단 하나의 종교는 두려움 없음이라는 종교이다. 이 세상이든 종교의 세상이든 둘 중 하나에서 두려움은 타락과 죄의 명백한 원인이라는 것은 진실이다. 비참을 초래하는 것, 죽음을 야기하는 것, 악을 낳는 것은 두려움이다. 그러면 무엇이 두려움을 일으키는가? 우리 자신의 본성인 무지.

절망하지 마라. 왜냐하면 무엇을 하든 당신은 동일하기 때문이고, 자신의 본성을 바꿀 수 없기 때문이다. 본성 그 자체는 본성을 파괴할 수 없다. 당신의 본성은 순수하다. 그 사실은 수백만 억겁(이온(aeon)) 동안 감춰져 있을 수 있지만, 마침내 그것이 승리를 얻고서 나오게 될 것이다. 그러므로 아드바이타(Advaita)는 모두에게 희망을 가져다주지 절망을 가져다주지는 않는다. 아드바이타의 가르침은 두려움을 거치지 않는다. 그것은 당신이 발을 헛디디면 당신을 잡아채기 위해 언제나 지켜보는 악마들에 대해 가르치는 것이 아니라, 즉 그것은 악마들과는 아무런 관련이 없고, 당신 자신의 손에 스스로의 운명을 맡기라고 말한다. 당신 자신의 카르마가 당신을 위해 이 몸을 만들었다. 누구도 당신을 위해 그 몸을 만들지 않았다. 그리고 선과 악에 대한 모든 책임은 당신에게 있다. 이것이 위대한 희망이다. 내가 한 일은 내가 되돌릴 수 있다. (CW 3. 159-61)

87

영성을 촉진시키기 위해서는
다른 영혼으로부터 자극이 와야 한다.
그러한 영혼을 가진 사람은 구루라고 불린다.

The Need for A Guru

구루의 필요성

영혼은 오직 다른 영혼으로부터 자극을 받을 수 있을 뿐이지 그 외의 다른 것들로부터는 받지 않는다. 우리는 평생 공부할 수 있고, 매우 지적이게 될 수 있지만, 결국 영적으로 전혀 발달하지 못했다는 사실을 알게 된다. 높은 수준의 지적인 발달이 언제나 인간의 영적인 면의 적절한 발달과 함께 한다는 것은 진실이 아니다. 책들을 공부하는 중에 우리는 이따금 속아서 그 공부 때문에 우리가 영적으로 도움을 받는다고 생각한다. 그러나 만일 책들을 학습한 효과를 분석해 본다면, 우리는 기껏해야 그러한 학습들로부터 얻는 이익은 단지 지적인 것일 뿐이지, 내면의 영적인 것은 아니라는 사실을 발견할 것이다. 영적인 성장을 촉진시키기 위한 책들의 이러한 부족함은 비록 우리 모두가 거의 영적인 문제들에 대해 가장 훌륭하게 말할 수 있을지라도, 행동과 참된 영적인 생활에 대해서는 우리 자신이 매우 지독하게 부족하다는 사실을 발견하는 이유이다. 영성을 촉진시키기 위해서는 다른 영혼으로부터 자극이 와야 한다.

그러한 충격을 일으키는 영혼을 가진 사람은 구루(Guru) 즉 스승이라고 불린다. 그리고 그 자극을 전달받는 사람은 쉬쉬야(Shishya) 즉 제자라고 불린다. (CW 3. 45)

88

향락에 대한 모든 관념을 포기하고
신과 진실에만 관심을 가져라.
당신이 신과 하나임을 깨달을 때까지.

The Qualifications of the Student

제자의 자격들

수행에서 성취를 원하는 제자에게 필요한 세 가지가 있다.

첫째. 이 세상의 향락에 대한 모든 관념을 포기하고, 다음은 신과 진실에만 관심을 가져라. 우리는 진실을 알기 위해 여기에 있지 향락을 좇기 위해 있는 것은 아니다. 우리가 결코 그럴 수 없는 것과는 정반대로 향락을 즐기는 금수와 같은 사람들에게 향락을 맡겨라. 인간은 생각하는 존재이고 죽음을 정복할 때까지, 빛을 볼 때까지 계속해서 분투해야만 한다. 아무 결실도 맺지 못하는 헛된 대화를 하는데 결코 자신을 소진시켜서는 안 된다. 사회와 여론을 숭배하는 것은 우상숭배이다. 영혼은 성별도, 국적도, 사는 곳도, 시간도 가지고 있지 않다.

둘째. 진리와 신을 알고자 하는 강렬한 욕망을 가져라. 간절히 그것들을 열망하라, 익사하는 사람이 숨쉬기를 갈망하는 것처럼 그것들을 갈망하라. 오직 신만을 원하라, 그 외 다른 것을 취하지 마라, 더이상 "보이는 것"이 당신을 속이게 두지 마라. 모든 것을 그만두고 오직 신만 찾아라.

셋째. 여섯 가지 훈련을 하라. 첫째, 바깥으로 나가려는 마음 억제하기. 둘째, 감각기관 억제하기. 셋째, 마음을 안으로 향하게 하기. 넷째, 군말 없이 모든 것을 경험하기. 다섯째, 하나의 관념에 마음 고정시키기. 당신 앞의 대상을 취하고서 그 대상을 숙고하라. 결코 그것을 떠나지 마라. 시간을 재지 마라. 여섯째, 자신의 참본성에 대해 지속적으로 생각하라. 우상 숭배를 없애라. 자신에게 최면을 걸어서 자신이 가진 열등함을 믿게 하지 마라.

당신이 신과 하나임을 깨달을 때까지(실제로 깨달을 때까지) 밤낮으로 자신에게 진짜 자신이 무엇인지 말하라. (CW 8. 37)

89

파라다이스에 누웠으나 잠들 수 없고,
익숙한 냄새로 단잠에 빠졌다.
우리는 파라다이스에 적합한가?

Are We Fit for Paradise?

우리는 파라다이스에 적합한가?

사나운 폭풍우를 만난 가난한 어부의 아내들이 어떤 부자
의 정원에 있는 피난처를 발견했다. 그 부자는 그들을 친절하
게 맞이했고 음식을 제공했으며 모든 공기를 풍부한 향기로
가득 채운 매우 아름다운 꽃으로 둘러싸인 정자에서 쉴 수 있
게 해주었다. 그 여인들은 달콤한 향이 나는 파라다이스에 누
웠다. 그러나 잠들 수 없었다. 그녀들은 자신들의 삶에서 뭔가
를 빠뜨렸고, 그것 없이는 행복할 수 없었다. 마침내 그 여인
들 중 한 명이 일어나 생선 바구니들을 두고 왔던 장소로 가
서 그것들을 정자로 가져왔다. 그러자 익숙한 냄새로 또 한 번
행복해진 그들 모두는 곧 단잠에 빠졌다. (CW 8. 29)

90

생각이 가장 중요하다,
왜냐하면
자신이 생각하는 것이 되기 때문이다.

What We Think We Become

우리는 우리가 생각하는 것이 된다

생각이 가장 중요하다, 왜냐하면 "우리는 자신이 생각하는 것이 되기" 때문이다. 옛날에 한 산니야신(Sannyāsin) 즉 신성한 사람이 있었다. 그는 나무 아래에 앉아서 사람들을 가르쳤다. 우유를 마셨고 오직 과일만 먹었고 끊임없이 "프라나야마(Prānāyāma)들"을 했으며 스스로 매우 신성하다고 느꼈다.

같은 마을에 한 악한 여성이 살았다. 매일 그 산니야신은 그녀에게 가서 그녀의 사악함이 그녀를 지옥으로 끌고 갈 것이라고 경고했다. 자신의 유일한 생계 수단이었던 삶의 방식을 바꿀 수 없었던 그 가엾은 여성은 산니야신이 묘사한 끔찍한 미래로 인해 마음이 더 많이 아프게 되었다. 그녀는 눈물을 흘리며 주(主)께 기도했다. 자신이 스스로를 도울 수 없었기 때문에 그분께 자신을 용서해 달라고 빌었다.

머지않아 그 신성한 사람과 그 악한 여성 둘 모두 죽었다. 천사들이 와서 그녀를 천상으로 데려간 반면, 악마들이 그 산니야신의 영혼을 차지했다. 그는 "도대체 왜!", "내가 가장 신성한 삶을 살아오진 못했지만, 모두에게 신성함을 설교해오지 않았는가? 왜 나를 지옥으로 끌고 가고, 반면에 왜 이 사악한 여성을 천상으로 데려가는가?"라고 그는 소리쳤다. 악마들은 다음과 같이 답했다. "왜냐하면 그녀는 어쩔 수 없이 불경스러운 행동들을 저질렀어. 하지만 마음은 언제나 주에게로 고정되어 있었고, 구원을 추구했지. 그렇기에 지금의 그녀가 되었어. 하지만 너는 그녀와는 반대로 신성한 행위들을 했지만, 마음은 언제나 타인들의 사악함에 고정되어 있었지. 오직 죄에 대해 생각했기 때문에 지금 너는 오직 죄만 있는 곳으로 가야 해." (CW 8. 19-20)

91

망고 열매를 먹어라.
당신은 절대 이 나뭇잎 세는 자들 중에
강력하게 영적인 사람을 보지 못한다.

Enjoy the Mangoes

망고 열매를 즐겨라

전 세계인이 성경과 베다와 코란을 읽는다. 그러나 그것들 모두는 단지 단어들이고 구문이고 어원학이고 철학이고 종교의 마른 뼈다귀들일 뿐이다. 너무 많은 말을 받아들이고, 말의 힘에 의해 마음이 휩쓸려 가도록 허용하는 스승은 영혼(spirit)을 잃는다. 진정한 종교적 스승을 이루는 것은 문헌들의 영혼에 대한 지식뿐이다. 문헌들의 말들로 된 망(網)은 거대한 숲과 같아서 종종 사람의 마음이 스스로를 잃어버리고 출구를 발견하지 못한다.

라마크리슈나(Ramakrishna)께서는 어떤 사람들에 대한 이야기를 하곤 했다. 그들은 망고 농장으로 가서 나뭇잎, 잔가지,

가지들을 세고 그것들의 색상을 조사하고 그것들의 크기를 비교하며, 더없이 주의 깊게 모든 것을 기록하느라 바빴다. 그런 다음 그들은 이 각각의 주제에 대한 박식한 토론을 준비했다. 그 주제들은 틀림없이 그들에게 매우 흥미로운 것들이었다. 그러나 그들 중 다른 사람들보다 더 현명한 한 명은 이 모든 것에 관심을 가지지 않고, 그 대신에 망고 열매를 먹기 시작했다. 그가 현명하지 않았는가? 그러므로 이 이파리, 잔가지 세기, 다른 것들 메모하기를 그만두라. 이런 종류의 작업 자체가 있어야 할 알맞은 곳이 있지만, 여기 영적인 영역에는 없다. 당신은 절대 이 나뭇잎 세는 자들 중에 강력하게 영적인 사람을 보지 못한다. (CW 3. 49-50)

92

하나의 이상에 몰두하는 일은
종교적 헌신을 수행하는 초심입문자에게
절대적으로 필수적이다.

Stick to One

하나에 몰두하라

모든 종교의 모든 종파는 오직 자신이 가진 하나의 이상만을 인류에게 준다. 그러나 영원한 베단타 종교는 신성으로 된 내면의 성지로 들어가기 위한 무한한 개수의 문을 인류에게 열고서, 그들 앞에 거의 무진장한 이상의 모음을 놓는다. 그것들 각각에는 영원한 일자(一者)가 있다.

그러나 식물이 자라서 나무로 성장할 때까지 그것을 보호하기 위해 울타리를 둘러야만 한다. 만일 너무 일찍 관념들과 이상들의 지속적으로 변화하는 작용에 노출된다면 영성이라는 여리고 약한 식물은 죽게 될 것이다. 종교적 자유주의로 불릴 수 있는 허울 좋은 이름 아래 많은 사람이 끊임없이 연속적인 상이한 이상들로 게으른 호기심을 만족시키는 것으로 보인다. 그들과 함께 새로운 것들을 듣는 것은 일종의 질병, 다시 말해 일종의 종교적 알코올 의존자(drink-mania)가 되어간다. 그들은 단지 일시적인 신경적 흥분을 얻는 방법으로 새로운 것들을 듣기 원하고, 그러한 하나의 자극적인 영향이 그들에게 효과가 있었을 때, 그들은 다른 것을 준비한다. 종교는 이들에게 일종의 지적인 아편 복용이다. 그리고 거기서 그 흥분은 끝난다. 에카-니슈타(Eka-Nishtha) 즉 하나의 이상에 몰두하는 일은 종교적 헌신을 수행하는 초심입문자에게 절대적으로 필수적이다. (CW 3. 63-64)

93

음란한 상상은 음란한 행위만큼이나 나쁘다.
통제된 욕망은 최상의 결과를 낳는다.
성적 에너지를 영적 에너지로 변환하라.

The Transformation of Energy

에너지의 변환

음란한 상상은 음란한 행위만큼이나 나쁘다. 통제된 욕망은 최상의 결과를 낳는다. 성적 에너지를 영적 에너지로 변환하라. 그러나 거세하지는 마라. 왜냐하면 그것은 에너지를 버리는 일이기 때문이다. 이 에너지가 더 강해질수록 그것으로 더 많은 일을 할 수 있게 된다. 강력한 물의 흐름만이 수력 채광[8]을 할 수 있다. (CW 7. 69)

---

8) 노즐로부터 고압으로 물을 분사하여, 토사나 무른 암석을 무너뜨리고 광석을 캐내는 방법.

94

이따금 지상에 출현하는 밝게 빛나는 영혼들,
즉 위대한 영혼들은 우리에게 영적인
통찰력(Vision)을 알려주는 힘을 가지고 있다.

How to be Illumined?

어떻게 불을 밝히게 되는가?

이따금 지상에 출현하는 밝게 빛나는 영혼들, 즉 위대한 영혼들은 우리에게 영적인 통찰력(vision)을 알려주는 힘을 가지고 있다. 그들은 이미 자유롭다. 그렇기에 그들은 자신의 구원에 마음 쓰지 않는다. 다른 사람들을 돕기 원한다.

인류의 영적인 성장은 자유로운 이 영혼들에 달려있다. 그들은 첫 번째 램프들과 같아서, 이것들로부터 다른 램프들이 밝혀진다. 진실로 그 빛은 모든 사람 안에 있다. 그러나 대부분의 사람에게 그 빛은 숨겨져 있다. 위대한 영혼들은 처음부터 빛을 발하고 있다. 그들과 접촉한 사람들은 이를테면 자신들이 가진 램프들을 밝히게 된다. 이렇게 함으로써 첫 번째 램프는 아무것도 잃지 않지만, 자신의 빛을 다른 램프들에 전한다. 백만 개의 램프가 밝혀지지만, 첫 번째 램프는 줄어들지 않는 빛으로 계속 빛난다. 첫 번째 램프는 구루(Guru)이다. 그리고 그 램프로부터 밝혀진 램프는 제자이다. (CW 8. 115, 113)

95

이기적인 동기를 따라서 밖으로 나가는
모든 에너지는 낭비되어버린다.
그 에너지가 억제된다면, 힘은 발달하게 된다.

The Secret of Restraint

자제력의 비밀

이기적인 동기를 따라서 밖으로 나가는 모든 에너지는 낭비되어버린다. 그렇게 되면 힘은 당신에게 돌아오게 하지 못할 것이다. 그러나 만일 그 에너지가 억제된다면, 힘은 발달하게 될 것이다. 자기통제력은 강력한 의지를 만들어내기 쉽고, 이 의지는 예수와 붓다를 만든다. 어리석은 사람들은 이 비밀을 알지 못하지만, 인류를 통제하기 원한다.

이상적인 사람은 가장 광대한 침묵과 고독 속에서 가장 강렬한 활동을 발견하는 자이고, 가장 강렬한 활동 속에서 사막의 침묵과 고독을 발견하는 자이다. 그는 억제의 비밀을 배웠고, 자신을 통제했다. (CW 1. 33-34)

96

지식은 인간에 내재되어 있다.
지식은 바깥에서 오지 않는다.
즉 모두 안에 있다.

Mind: The Library of the Universe

마음: 우주의 도서관

지식은 인간에 내재되어 있다. 지식은 바깥에서 오지 않는다. 즉 모두 안에 있다. 우리가 어떤 사람이 '아는' 것이라고 말하는 것은 엄격하게 심리학적인 언어로, 그가 '발견한' 것이거나 '밝힌' 것이어야 한다. 왜냐하면 어떤 사람이 '배운' 것은 자신의 영혼에서 덮개를 벗김으로써 실제로 그가 '발견한' 것이기 때문이다. 영혼은 무한한 지식의 광산이다.

우리는 뉴턴(Newton)이 중력을 발견했다고 말한다. 중력이 구석 어딘가에 앉아서 그를 기다리고 있었는가? 그것은 그 자신의 마음에 있었다. 때가 되었고, 그는 그 중력을 발견해냈다. 세상이 지금까지 받아온 모든 지식은 마음에서 왔다. 우주

의 무한한 도서관이 당신 자신의 마음에 있다. (CW 1. 28)

97

몸과 마음과 말에 언제나 순수하고
강력한 신심이 있고 실재와 비실재를 구분하며
명상과 숙고를 지속하는 자에게 은총이 내려진다.

Grace and Self-effort

은총과 자력(自力)

제자: 스승님, 어떤 은총의 법칙이 있습니까?

스와미지: 있기도 하고, 그렇지 않기도 해.

제자: 어째서 그렇습니까?

스와미지: 몸과 마음과 말에 언제나 순수하고 강력한 신심이
있고 실재와 비실재를 구분하며 명상과 숙고를 지속하는
자들, 그들에게만 주의 은총이 내려진단다. 슈리 라마크리
슈나께서는 이따금 다음과 같이 말씀하시곤 했지. "그분께
진실로 의지하라. 바람이 부는 대로 움직이는 마른 잎처럼
되어라." 그리고 또 다시, "그분의 은총의 바람은 언제나 불
고 있고, 네가 해야 할 일은 너의 돛을 펼치는 것이다."라고

말씀하셨어.

제자: 그러나 생각과 말과 행동에서 자신을 통제할 수 있는 사람에게 은총이 무슨 필요가 있나요? 왜냐하면 그때 그는 자신의 노력으로 영성의 길에서 자신을 발달시킬 수 있을 것이기 때문입니다!

스와미지: 주께서는 깨달음을 위해 분투하는 마음과 영혼이 있는 사람에게 매우 자비롭단다. 그러나 어떠한 분투도 없이 게으른 채 있다면 너는 그분의 은총이 결코 오지 않을 것이라는 사실을 알게 될 거야.

제자: 언젠가 슈리 기리슈 찬드라 고슈(Shri Girish Chandra Ghosh)[9]께서 제게 신의 자비에 어떤 조건도 있을 수 없다. 자비에 대한 어떤 법칙도 있을 수 없다! 만약 있다면, 그때 그것은 더이상 자비라고 불릴 수 없다, 라고 말씀하셨습니다. 은총이나 자비의 영역은 모든 법칙을 초월해야만 합니다.

스와미지: 그러나 우리가 알지 못하는, 기리슈 찬드라에 의해 시사된 영역에서 작용하고 있는 더 높은 법칙이 있음에 틀림없어. 그것들은 사실상 발달의 마지막 단계를 위한 말들이고, 오직 그 단계만이 시간과 공간과 인과 관계를 초월해.

9) 벵골의 위대한 배우이자 극작가이고 슈리 라마크리슈나의 충실한 헌신자.

그렇지만 우리가 거기에 도달할 때, 인과 관계의 법칙이 없는 곳에서 누가 자비로울 것이고, 누구에게 자비로울 것이지? 네가 거기에 도달하게 된다면, 거기서 숭배자와 숭배받는 자, 명상자와 명상의 대상, 아는 자와 알려진 것 모두는 하나, 즉 은총 또는 브라만이라고 부르는 것이 돼. 그것은 모두 하나의 동일한 동질의 실재야! (CW 6. 481-82, 5. 398-400)

98

각각의 영혼은 잠재적으로 신성하다.
자연을 통제함으로써 외부와 내부에 있는
이 신성을 나타나게 하는 것이다.

The Goal and the Ways

목표와 방법들

각각의 영혼은 잠재적으로 신성하다.

목표는 자연을 통제함으로써 외부와 내부에 있는 이 신성을 나타나게 하는 것이다.

수행이든 숭배든 심령적 통제든 철학이든 어느 것 하나로, 즉 하나나 둘 이상 또는 이것들 모두로 자연을 통제하라. 그러면 자유로워진다.

이것의 종교의 모든 것이다. 교의나 도그마나 의례나 서적이나 사원들 또는 형상들은 그저 부차적인 세부 사항들일 뿐이다.

"너희, 불멸의 아이들아! 심지어 그대, 가장 높은 영역에 사는 자들아! 나는 그 방법을 발견했다. 다시 말해 이 모든 어둠에서 벗어날 방법이 있다. 그것은 모든 어둠을 초월해 있는 그를 인식하는 것이다. 다른 방법은 없다."(CW 1.124, 128)

99

마야는 거대한 속임수이다.
빠져나와라.
마야가 당신을 붙잡지 못하게 하라.

Māyā and Freedom

마야와 자유

이번에는 붙잡히지 말자. 마야(Māyā)는 수도 없이 우리를 붙잡아왔고, 수도 없이 많이 우리의 자유를 물이 닿으면 녹아버리는 설탕 인형으로 바꿔왔다.

속지 마라. 마야는 거대한 속임수이다. 빠져나와라. 이번에 마야가 당신을 붙잡지 못하게 하라. 그러한 환영들을 위해 자신의 대단히 귀중한 유산을 팔지 마라. 일어나라, 깨어나라, 목표에 도달할 때까지 멈추지 마라.

단지 신의 것을 보관하는 자로서 돈을 소유하라. 돈에 대한 애착을 갖지 마라. 이름과 명예와 돈을 놓아버려라. 그것들은 모두 끔찍한 속박이다. 자유의 경이로운 분위기를 느껴라. 당신은 자유롭다, 자유롭다, 자유롭다! 오, 나는 축복받았다! 나는 무한자이다! 내 영혼에서 나는 시작도 끝도 발견할 수 없다. 모든 것이 나의 참자아이다. 이것을 끊임없이 말하라. (스와미 비베카난다의 회상들, p 185, 180)

100

깨어있어라,
깨어있으라,
위대한 사람들이여!

Sleep No More

더 이상 잠들지 마라

나는 정말로 나의 이상을 몇 마디 말로 할 수 있다. 그것은 다음과 같다. 인류에게 자신들이 가진 신성과 그 신성을 삶의 매 순간에 현현시키는 법에 관해 전하는 것.

대낮처럼 분명하게 보는 하나의 생각은 비참이 무지에 의해 야기되지 다른 어떤 것에 의해서도 야기되지는 않는다는 사실이다. 누가 세상에 빛을 줄 것인가? 과거에 희생은 율법이었고, 아아, 앞으로 오랫동안 그럴 것이다. 지상의 가장 용감한 사람이자 제일 좋은 사람은 다수의 이익을 위해서, 모두의 안녕을 위해서 자신을 희생해야 할 것이다. 영원한 사랑과 연민을 가진 수많은 붓다가 필요하다.

세상의 종교들은 생기 없는 모조품이 되었다. 세상이 원하는 것은 덕성이다. 세상에는 삶이 하나의 불타는 사랑인 사람들 즉 이타적인 사람들이 필요하다. 사랑은 모든 단어를 벼락처럼 말하게 만들 것이다.

우리가 원하는 것은 담대한 말 그리고 더 담대한 행동이다. 깨어있어라, 깨어있으라, 위대한 사람들이여! 세상은 비참으로 불타고 있다. 잠들 수 있겠는가? (CW 7. 498)